奥黛丽·赫本

一辈子活在优雅里

艾略 著

北京联合出版公司
Beijing United Publishing Co.,Ltd.

目 录 Contents

序言 /

第一章 当天使降临人间

3　　不尽完美的开始

9　　母亲：女男爵的美丽与哀愁

15　　父亲：无法弥补的伤痕

23　　一个想变成蝴蝶的小女孩

第二章 我的人生比童话还精彩

31　　黑暗如潮水汹涌而至

36　　每一天都是劫后余生

40　　史上最寒冷的冬天

44　　因为痛过，所以懂得

第三章 跑龙套的可爱精灵

51 再见了，亲爱的芭蕾

57 她就是一个行走的梦

62 有一颗心为你悸动

67 自由是拥有，也是拒绝

第四章 一片树林里分出两条路

77 春风沉醉的爱情

81 一片树林里分出两条路

87 百老汇的可爱精灵

第五章 时尚，就是适合自己的风格

97 有一种遇见叫《罗马假日》

102 有一种友情叫一生一世

108 不适合的，不因艰难而将就

114 时尚就是适合自己的风格

第六章 欲戴王冠，必承其重

121 优雅是种选择

127 靠近你，温暖我

133 欲戴王冠，必承其重

138 卢塞恩湖畔的美丽新娘

第七章 灵魂有香气的女子

147 与阿斯泰尔跳一支舞

153 灵魂有香气的女子

158 不被时间消磨的宁静心

第八章 总有一天，我会优雅地遇见你

167 我还是失去了你

172 不被囿限的生活，才值得去过

176 总有一天，我会优雅地遇见你

第九章 生活总会有不如意，我很好

185 快乐就是健康加上健忘

190 这世上，唯有爱不可打拼

195 生活总会有不如意，我很好

第十章 谁不是一边拥有，一边失去

203 物质越丰裕，我要的却越少

208 谁不是一边拥有，一边失去

214 我相信爱情，也相信爱情会死

218 做优雅的生活美学家

第十一章 我承认我曾历经沧桑

225 对于爱，我的方法是等待

231 优雅的本质是简约

238 长长的叹息，总在醒来的时候

243 我承认我曾历经沧桑

248 因为是你，晚一点没关系

第十二章 曾有天使，路过人间

259 希望能播下一粒希望的种子

266 美人迟暮，优雅依然

273 我太累了，需要睡一会儿

附录：奥黛丽·赫本作品列表 *281*

序言

总有人问,为何我们都在怀念奥黛丽·赫本?或许这本书可以给你最好的答案——我们深深感怀的,不只是她清丽的容颜与事业的辉煌,还有举世称叹的优雅、执着、才华和修养。

奥黛丽·赫本,伟大的演员,美国四大艺术奖项——电影奥斯卡奖、戏剧托尼奖、音乐格莱美奖和电视艾美奖,全世界只有九个人把它们全拿到手,她正是其中之一。

她是时尚女王,是纪梵希作品的灵感宠儿,引领了一个时代的审美和潮流。

她是爱心天使,作为联合国儿童基金会的亲善大使,她长年亲赴战地,足迹遍布五大洲,却从未被苦难打倒。

同时,她也是渴望爱与被爱的普通女人,是可爱的妻子,是温柔的母亲,是谦和的友人,是"有史以来最美的女人",是优雅的化身。

她从容优雅的生活态度、遗世独立的姿态,让我们知道:有一种美叫作奥黛丽·赫本。有一种魅力根植于灵魂深处,可以不惧时间,流芳于世。

赫本,并不是天生的宠儿,她生于动荡的时代、破碎的家庭中,长在战乱年代、贫困的日子里。年少时离乡背井,独自闯荡光怪陆离的好莱坞,在明星如云中找到自己的独特定位。一生追求家庭的温暖,却被情伤得最深;镁光灯给了她事业和财务自由,但她也无时无刻不被谣言包围,被声名所困。

然而,就是这样的她,能够在功成名就的时刻看淡名利,在事业鼎盛时远离好莱坞繁华的诱惑,一生坚持真诚和自我。尽管不断被爱所伤,却永远相信爱情;尽管年少便缺乏温暖,却尽力温暖了更多的人;尽管功成名就,却身赴险境,用天使之爱去修补这残缺的世界。就像诗人余光中写的那样:

......
圣奥黛丽啊,让一切聚光灯
去荣耀玛丹娜之乳,梦露之唇
你顶上自有皎皎的轮光,照着
怀古的观众,伤今的信徒
......
且在我们回肠的深处
一端牵着你华年的惊艳

一端曳着你暮年的慈悲

　　狠狠，打一个死结

奥黛丽·赫本如何将人生坎坷过成岁月优雅？怎样从与性感毫不沾边的平胸、中性、外八字的好莱坞灰姑娘变成"有史以来最美的女人"？怎样在屡屡陷入"票房毒药"的境地时得到奥斯卡奖、格莱美奖、托尼奖和艾美奖等顶级奖项，名列美国电影协会评选出的"美国百年来最伟大的女演员"第三名，成为举世公认的伟大演员？又怎样从时尚界的宠儿变成慈善界的爱心大使？本书是赫本的成长史，更是一部女性在激荡的时代大潮中的灵魂成长书。愿每个亲爱的你可以从中受到启示，汲取一种力量，寻找到真正属于自己的优雅、自由和爱，过真正属于自己的璀璨、美好的人生。

第一章

当天使降临人间

上帝亲吻了一个小女孩的脸颊,奥黛丽·赫本就诞生了。

——著名导演 比利·怀尔德

奥黛丽·赫本出身高贵，但并不是天生的幸运儿。

童年时，父亲的出走带给她的是深深的伤痛，以致影响了她一生的情感倾向。母亲是她的人生导师，用维多利亚式教育打磨她，希望在她身上延续贵族的灵魂，她却因此体验不到母爱的温柔。

正是童年的经历，奠定了她的人生基调。但相比上帝赐予的天使面孔，爱的能力才是她的比美貌更为珍贵的天赋。

不尽完美的开始

世间没有不可能,如果说不可能,也是:不,可能。

安详的城市从虔诚的祷词中苏醒过来。阳光下,巧克力的浓香、果子酒的甘醇、手风琴的旋律也开始流动,融入街头每一寸温润的空气,仿佛岁月的呼吸在塞纳河畔留下绵长的情愫与印迹,令人思慕……

这是五月的布鲁塞尔——比利时的首都,这座浪漫精致的中世纪古城,被誉为"小巴黎""沼泽上的宫殿""欧洲最美的城市""音乐之都"。这里盛产黑啤酒与巧克力,也盛产好心情,据说再严肃的人行走在布鲁塞尔街头,也会步履悠然、面露微笑。

舒缓的情调、悠然的氛围,是这座城市骨子里的魅力,而这座魅力的城市,多年前又因一个小女孩的出生获得一个新的标识——奥黛丽·赫本的故乡。

五月,是天使降临的季节。"生如夏花之绚烂",时间在繁花盛开的季节里为生命写下诗意的篇章，于是一个芳华绝代的故事，一段璀璨纷呈的人生，就此徐徐开启序幕。

1929年5月4日，在布鲁塞尔市东南部的一座豪华府邸中，一个漂亮可爱的小婴儿在母亲艾拉的晨祷中降生，她有着一双动人的明眸，雪白的皮肤，咖啡色的小鬈发。在相貌上，她完全遗传了父亲的俊秀。

"奥黛丽·凯瑟琳·罗斯顿"——父亲约瑟夫·维克多·安东尼·罗斯顿为这位小天使起了名字。

后来"二战"结束后，罗斯顿从家族资料中觅得一个"赫本"的姓氏，并将其加入到自己的名字里（据说那个姓氏可追溯至苏格兰的皇家历史，让他感到无比的荣耀），如此，才衍生了后来被世人熟知的"奥黛丽·赫本"这个名字。

这个天真无邪的婴儿喜欢被母亲抱在臂弯里，睁大眼睛打量这个新奇的世界。就像一张照片记录的场景，她穿着白色的小裙子，坐在母亲怀里，面对摄影师的镜头，露出惊讶的神情。艾拉妆容静美，穿戴雅致，嘴角恰到好处地上扬，注视着怀中的女儿，气氛平静温馨。

然而静止的照片背后，岁月并不静好。一如风平浪静的海面，看不到多少波纹，而在海底深处，却布满了漩涡和暗礁。

奥黛丽出生后的第六周，突然染上百日咳，差点丧命。这也是她在人生中经历的最初的生死波折。多年后，她名扬四海，有人鼓励她出自传,她却笑言:"如果将来我要写自传,开头会是这样:'1929年5月4日,我出生在比利时布鲁塞尔。六周后,我告别人世。'"

母亲艾拉是个虔诚的基督教徒,她相信祈祷可以胜过医药,即使是在小婴儿停止呼吸、全身变紫,保姆吓得手足失措的状况下,她仍然镇定地向上帝祷告,并不断拍打孩子的身体,期待信仰的力量能使女儿苏醒过来。

奇迹真的发生了。仿佛是得到了上帝的回应,小奥黛丽渐渐有了呼吸,接着疾病的症状一点点地消失,她身体很快痊愈,成了一个开朗活泼的小女孩。

"这一切都是上帝的恩赐。"童年的奥黛丽常会恳求母亲,对她再说一遍关于这个"重生"的故事,而每次母亲冷静地回忆完,脸上都会浮现出感恩的微笑,然后加上这一句。

这个惊险的"故事"让她感到兴奋,也影响了她涉世之初的认知,她曾不止一次地在遇到困难时对自己说:"世间没有不可能,如果说不可能,也是:不,可能。"

在奥黛丽的记忆中,母亲是永远不会被打倒的。她冷静端庄,严谨优雅,终生都在恪守一名女男爵的贵族本分,哪怕是与丈夫争吵之后,心情沮丧,也会迅速镇定下来,去听一支音乐,看一场歌剧,或带着女儿外出散心——即便生活在泥淖中,她也能凭借骨子里的坚韧,撑起自己的尊严与美好。

奥黛丽从小就感受着艺术的熏陶,这源于母亲的着意引导,艾拉相信耳濡目染的力量,相信真正的贵族精神不仅要有先天的传承,还要有后天的修养。

在布鲁塞尔,一有空闲,艾拉就会带上奥黛丽去参观艺术馆,去听音乐会,去体验各种高质量的生活。

在家里,艾拉也会鼓励奥黛丽多阅读和画画。于她而言,布置这样的"习静课",只是为了让女儿练习平衡内心的能力。

得益于丰富的阅读,小小年纪的奥黛丽已经能将吉卜林[1]笔下的冒险故事画得惟妙惟肖。在笔和纸的世界里,她的童心没有任何拘束,一切自由自在,任何想象都可以用画笔去经历:牵着狮子的手在野外漫步,给贪睡的棕熊洗衣做饭,与浑身黝黑的狼孩尽情舞蹈,在蛇的怀抱里安然入睡……而不是处处要遵循母亲的"戒律":"千万不要在外人面前刻意表现""守住自己的嘴巴""不要太顽皮,永远不要忘记,自己是一个女孩子"……

与母亲在一起时,奥黛丽就像个文静的小公主,脸上常挂着甜美的笑容。实际上,她与别的小女孩一样,也有顽皮贪玩的一面。相比家里成堆的玩具和布娃娃,奥黛丽更喜欢大自然中的事物,苍翠的树木、斑斓的花朵,还有充满生命力的小动物们……她总是情不自禁地想要与之亲近。

离家不远的郊区树林就像一座专门为她准备的天然乐园。她不仅无师自通地学会了爬树,还与一群松鼠成了好朋友。于是,她常瞒着

---

[1] 吉卜林(1865—1936):即约瑟夫·鲁德亚德·吉卜林,英国小说家、儿童作家、诗人,于1907年获得诺贝尔文学奖。

母亲将家中的食物带给松鼠享用,然后顶着一头青苔浑身脏兮兮地回来。好在家里的女仆们都很宠爱她,每次她回家都会为她打开后门,让她换上干净的衣服,以免被严厉的夫人发现。为此,她的父亲送给她一个小名——"猴精灵"。

在父亲面前,奥黛丽尽可以展现自己贪玩的一面。在她的儿时记忆里,母亲对她是严苛深沉的爱,父亲带给她的,则多是轻松与亲昵,没有太多礼仪上的顾忌。他会带她一起到草地上打滚,也会悄悄地嘱咐她:"你可以为你的'小朋友们'多带点儿饼干。"

对于这个昵称,奥黛丽很受用,就像一份心照不宣的印证。多年后世事变迁,人心浮沉,她与父亲通信,署名依旧是 MP(Monkey Puzzle,猴精灵)。

"猴精灵"还记得,布鲁塞尔家中常摆放着一台老式的留声机,里面缓缓流泻出巴赫或贝多芬的作品,优美的旋律让人情不自禁地想舞动身体。

有一次,她天真地问母亲:"为什么要听音乐?"

母亲告诉她:"是为了跳舞。"

她不禁旋转身体,仰着脸说:"妈妈,我想跳舞。"

于是六岁时,奥黛丽就被母亲送进学校接受淑女教育。芭蕾,正是学校的必修课。奥黛丽第一次体验到了芭蕾的曼妙。当音乐在空气中漫延,老师在台上翩然起舞的时候,一枚梦想的种子也在她心里悄然生长,"第一次,我感受到了肢体舞动的美,它有着神奇的力量,就像成千上万的蝴蝶在我的身体里飞翔"。

在与布鲁塞尔相关的记忆源头，童年时的奥黛丽常沉醉于一种"梦幻的冰碎片"，据成年后的她回忆，那应是房间里水晶吊灯的光芒。

伴随着那种灯光到来的是父亲印上额头的亲吻，隐约中，她能感受到他的呼吸，就像她能感知到他日渐沉默的爱。

她相信父亲是爱她的，就算他不久后不告而别，选择离家出走，让整个家庭陷入深深的悲伤，她也不曾对他有过恨意。

许多年后，名满天下的她在选择隐居之地时，第一眼就看上了瑞士日内瓦湖旁边的一所宅院。那里湖光山色，风景优美，打开窗子就能看到阿尔卑斯山顶上的白雪，一如记忆中的"梦幻的冰碎片"。

那时的她对儿子说："看到这座房子，我又有了蝴蝶在身体里飞舞的感觉，仿佛又回到了家乡——布鲁塞尔。"

"这里有过我的童年，有过美好的忧伤的印迹……"成年的奥黛丽回到布鲁塞尔，与昔日旧友漫步于塞纳河边，曾如是感慨唏嘘。

记忆是路标，让沉重的肉身、漂泊的心灵找到原始的归依。

童年会奠定一个人精神的基调，你感受过的情感、接触到的环境，都将直接影响自己的内心，成为一辈子不可剔除的烙印。循着成长的印迹寻访过往，只觉情感历历，犹风入耳。于是蓦然回首一路的履痕，就会发现，原来天地万物之间，相比多舛的命运与变幻的世事，人的心灵更为恒定温柔，如海纳百川，一路的坎坷与风雨，都可以化作心间的碧波，澄映天穹。

母亲：女男爵的美丽与哀愁

有了艺术，再艰辛的生活，也有了值得热爱的理由。

什么是贵族的灵魂？

是优雅的气质，富足的内心，洁净的品格，温软的情怀，独立的意志，坚韧的生命力；也是自强、自爱、自律，高于一切的美德与修养。

奥黛丽的母亲艾拉·凡·赫姆斯特拉身为荷兰王室后裔，一出生就拥有了女男爵头衔，可谓是真正的"蓝血贵族"。得益于家族的福荫，艾拉从小就接受了上流社会的教育。又因是家中唯一的女孩，父母给了她独特的疼爱，也为她留下了丰厚的资产。她就像童话里的公主，在开满郁金香的城堡里骑着小马驰骋，抱着花枝唱歌——天生华丽的嗓音，曾让她梦想成为一名歌剧女伶。可以说，从童年时代到走进婚姻，近二十年时光里，她的生活都是美好的。无忧无虑，无拘无束，对爱情有着甜蜜的期待。

在成为罗斯顿太太之前,艾拉曾有过一次婚姻。

她的第一任丈夫是当地的一位贵族公子。那段婚姻仅维持了五年。在那五年里,她经历了前所未有的心痛与失望——对方认为在婚姻中男人应该主宰一切,而她则认为维持良好的夫妻感情不仅需要爱,还需要平等包容的关系。

没有了爱,婚姻便成了禁锢。艾拉三番五次地与父母商议,要与丈夫解除婚姻关系。而当时在贵族阶层,离婚还极其少见,更是一件会让家族蒙羞的事情。于是一直到1925年,通过了双方最终的和平协议,艾拉才与丈夫离婚。不久后,她带着两个儿子重新回到家乡居住,并开始追求自己的新生活。

二十五岁的艾拉,虽然离过婚又育有两个儿子,但她美丽的外貌与女男爵的头衔依然吸引了不少追求者,其中不乏社会名流。

经过将近一年的选择,1926年秋,艾拉与英国人约瑟夫·维克多·安东尼·罗斯顿在荷属东印度群岛的巴达维亚(今雅加达)完婚,英俊迷人的新任丈夫,满足了她当时对真爱的浪漫幻想。

既然第一次门当户对的婚姻没能给她带来幸福,那么第二次婚姻,她想自己做主,纯粹为了爱情而结合。所以,她不介意罗斯顿平凡的出身,也愿意用家族关系为他在布鲁塞尔谋划崭新的人生。

可一切终成梦幻泡影。结婚不到一年,罗斯顿身上的诸多癖性就显现出来了,他性格懒散,游手好闲,爱好社交,没什么责任感,对两个继子不闻不问,与妻子之间的分歧也越来越深。

罗斯顿坦言,艾拉身上的确富有维多利亚时代贵族的典雅与魅力,但真正吸引他的，并不是艾拉的容貌与性情，而是她的贵族背景和不菲的家产。

他与她交往、结婚，说穿了不过是为了名和利：在名声上，他娶了一位女男爵，会觉得颇有颜面；在利益上，他则完全可以依靠妻子的财产，轻松地享受人生。

对于艾拉来说，这的确是对人生的又一次沉重打击。一开始，在他们的关系出现裂痕时，她只是以为自己失去了爱情，却未曾想到，她从来就没有拥有过他的爱。

两次失败的婚姻，让艾拉受到了极大的伤害。第二次婚姻解体后，再次返回荷兰的她变了许多，变得更坚强，也变得更冷峻。她不再追求虚幻的爱情美梦，而是把更多的心血花在了儿女身上。

这种伤害，还直接影响了艾拉的情感表达方式，她更加严肃、苛刻，一生都在压抑自己的情感，不让丝毫软弱在孩子面前显露出来，甚至包括爱意。

日后奥黛丽回忆："母亲是个不善于表达的人——但她是一位优秀的母亲，她的内心有无限的爱，只是表达的方式不尽如人意。"

在家庭教育方面，艾拉非常严厉。她奉行维多利亚式的教养理念，重视礼仪与德行，也专注品格与意志的锻造。自始至终，她都依照贵族的标准在要求奥黛丽——格调高雅，心怀博爱，肩负责任，姿态从容，生活自律……

但无论形式怎样，爱的内核依旧深远辽阔。

即使是在战火纷飞的年代，艾拉也竭尽所能地让奥黛丽接受良好的教育，希望女儿能够过上优渥的生活。她决定将赫本送至英国寄宿学校学习，希望女儿能接受正统的英式教育，以便在日后过上体面的生活。也就从那时起，赫本从一个顽皮的小女孩渐渐成长为优雅知礼的英国少女。

"二战"时，纳粹占领了荷兰，很多贵族大户的财产都被洗劫一空，其中就包括赫姆斯特拉家族。战争是噩梦，炮火摧残了生活原本的模样。在那样暗无天日的情况下，艾拉成了整个家庭的主心骨。"只要活着，就有希望。只要还有一丝希望，就应该坚持到最后。"面临灾难时母亲的教导，奥黛丽从不敢忘记。

对奥黛丽来说，母亲不仅是相依为命的亲人，更是精神的支柱、人生的导师。

洗牌后的生活，一切都要从头再来，为了让女儿进入最好的芭蕾舞学校，失去财产的艾拉不惜放下身段去给人当女仆。清理垃圾，洗刷地板，每天工作十几个小时。尽管如此，她的头发也会梳得一丝不乱，每天会化淡妆，时刻保持干净整洁，走路会挺直背和脖颈。

她对女儿说："越是艰难，越要有强大的毅力。但你不必太过介意这件事。我付出劳动，获得报酬，并不觉得难为情。你要记得：身份，不过是一件行李。"

除此之外，艾拉还会不定期地带奥黛丽去看画展，听大型演奏会。有了艺术，再艰辛的生活也有了值得热爱的理由。

受母亲的影响，少女奥黛丽总觉得有一股神奇的力量在支撑着自己。为了与艺术殿堂亲密接触，她可以省下乘坐电车的钱，步行几公里；也可以忍受饥肠辘辘，却感觉精神充沛。

1954年春天，艾拉陪同奥黛丽参加第26届奥斯卡颁奖典礼，当主持人宣布最佳女主角得主是奥黛丽·赫本的时候，母亲艾拉终于忍不住热泪盈眶。

奥黛丽记得，那是母亲第二次在她面前流泪。

第一次，是在战争时期，家人经历生离死别后的团聚，母亲卸下内心的铠甲，像个普通的女人一样哭泣。

但对于奥黛丽的成功，艾拉却说："这并不归功于我。如果她真的富有才华，那应该是上帝的赋予。我还应该感谢蔚蓝的天空和皇家学院的佛兰德画展。"

好在"上帝的赋予"和母亲的初心奥黛丽都没有辜负。

让艾拉备觉欣慰的是，身为好莱坞影后的奥黛丽，从未被明星的光环所迷惑——坚毅的意志，淡泊的心性，勤勉的态度，高雅的格调，滋养了她的生命，也让她成为美德的化身以及"优雅"一词的具象体现。一如艾拉自己奉行的贵族品格和人生哲学：能够安享富贵，淡泊名利；也能够忍受苦难，自强不息。

这才是真正可以无惧岁月、历久弥香的东西。

纵观这位女男爵的生平，大起大落，又大开大合：她贫穷过，苦难过，受伤过，却从未落魄过，潦倒过，乞怜过。

婚姻的不幸，战争的摧残，都没有妨碍她成为一位成功的母亲。

她不仅给女儿创造了良好的生活环境和学习条件,更延续了一个贵族的灵魂。

而一个人心灵的丰盈,精神的高贵,对爱和美的信仰,远比身份的光芒、物质的富有更为珍贵。

父亲:无法弥补的伤痕

我渴望被爱,也渴望爱别人。

"他高大、英武,有着一双黑天鹅绒一样的眼睛……"晚年时的艾拉回忆起与罗斯顿的相遇,承认自己第一眼就被他的翩翩风度所吸引。

时间回溯至1926年。

那时罗斯顿正在荷属东印度群岛(今印度尼西亚)生活,马球场、画室、音乐会、绅士俱乐部,所有的高级社交场所都能看到他的身影。他有一个爪哇、苏门答腊名誉领事的头衔,没有什么实权,但在经济上,有妻子娘家财产的支撑,日子也过得相当气派。

罗斯顿是英国籍,拥有苏格兰、爱尔兰和奥地利的复杂血统。他儿时家境富裕,从小就享受到了物质带来的愉悦。青年时期家道中落,对金钱与享乐持有浓厚兴趣的他,不得不依靠自己的特长去谋取新的身份与生活。

通晓十三种语言，对艺术品研究颇有心得，熟练驾驶滑翔机，马球打得极漂亮，摄影技术也算一流，还会用一百种方法讨女士的欢心……再加上俊朗的外表、挺拔的身姿以及让人热血沸腾的冒险精神和令人心驰神往的绅士风度，他自然有足够的理由在上流社交界混得风生水起。这样的男人，天生就具有女人缘。

1926年，离婚不久的艾拉随父亲到荷属东印度群岛散心，在一次宴会上，她对罗斯顿一见钟情。

恋爱的时光美妙又短暂，就像回忆时的一声叹息。

向艾拉求婚时，罗斯顿尚未离婚——那已是他的第二次婚姻。第一次结婚时，他非常年轻，但很快就离婚了。他的第二任妻子，来自一个荷兰籍富商家庭，家中资产十分丰厚。在这片荷兰殖民地上他们成了金字塔顶端的人，过着有滋有味的日子。

陷入情网的艾拉表示，只要罗斯顿办妥离婚，她就愿意违背家族的结婚传统下嫁于他。

没想到，离婚手续办得异常顺利，原因大约是罗斯顿的富商妻子心里另有所属，而他也迫不及待地想要成为女男爵的丈夫。

结婚后，罗斯顿夫妇的生活还算甜蜜。随着新婚的激情渐渐退去，罗斯顿身上不安分的一面渐渐地显现出来。罗斯顿无意在当地谋职，希望能通过妻子一家在欧洲的上流人脉，找份体面的工作，于是两人回到欧洲。1929年2月，岳父为罗斯顿在一家设在比利时布鲁塞尔的英国保险公司谋到了一个职位。他们登上客轮，途经法国抵达布鲁塞尔，并在这里生下了爱情的结晶——奥黛丽。

好景不长，罗斯顿根本就不打算就此安顿下来，也不喜欢工作，只会到处结交朋友，享受奢华生活。更糟糕的是，他越来越多地透露出右倾的政治意向。当时安定又谨慎的比利时政府有明文规定，不允许支持纳粹的右翼人士担任公职，并且一旦有确凿的证据证明官员与法西斯党人有瓜葛，就会立刻撤职查办。

奥黛丽记得，小时候，她的父母会经常悄悄出门。没有人知道他们去哪里了，也没有人会告诉她。而从仆人们的神情中，她得到的信息是：父母正在做一件大事。

直到长大后她才知道，父母当时是在跟法西斯党人接触，他们为"英国法西斯联盟"（British Union of Fascists）募集经费，出钱出力，想走一种新路。英国法西斯联盟的首领正是后来被BBC评为"20世纪最可恶的英国人"的奥斯瓦尔德·莫斯利[1]。那时的莫斯利正以"反共主义、反犹主义、极端民族主义和贸易保护主义"为纲领招募成员，到了1932年时，该联盟已经发展到了四万党人的规模，并且吸引了很多社会名流加入。

为此，经历过战争年代的奥黛丽终生无法释怀，对于父母曾是法西斯主义者的事实更是深感歉疚。

很多年后，儿子问了奥黛丽一个敏感的问题："妈妈，我的外祖父真的是一个法西斯主义者吗？"

---

1 奥斯瓦尔德·莫斯利（1896—1980）：英国极右翼政治家，创建英国法西斯联盟，后在法国去世。

奥黛丽垂下头来，诚实地回答："是的。就连我的母亲也曾卷入其中。不过，那是战争以前的事。"

对于艾拉来说，尽管经常与丈夫争吵，但她还是会尽可能地支持丈夫的梦想——与一个新兴政权的铁腕人物交往，期望有朝一日能够有所作为，载誉而归。除此之外，当时的法西斯主义也被金融家与贵族们误认为是一种优良的政府形式，得到了他们的有力支持。

在奥黛丽的童年印象中，布鲁塞尔家中的壁炉上方曾挂着一张合影，那张合影曾让她的父母引以为荣——1935年5月初，罗斯顿夫妇前往德国慕尼黑与希特勒会面，一直到月中才返回。

5月底，罗斯顿在毫无预兆的情况下，拎着简单的行李离开了家，抛弃妻女，一去不返。罗斯顿的出走，加上法西斯的名声越来越不好，艾拉似乎很快意识到了什么——千年帝国、完美世界，一切都是撒旦的谎言。她当机立断，砸毁了挂在壁炉上的照片，切断了所有与法西斯主义联盟的联系。紧接着，赫姆斯特拉家族也收到了荷兰政权及皇家法院善意的提醒，整个家族开始谨言慎行。

关于罗斯顿夫妇曾是法西斯主义者一事，罗斯顿的外孙如此跟媒体解释："战争刚刚打响时，我的外祖父就去了英国，随即被软禁在马恩岛，获得自由后他又去了爱尔兰，而不是德国。他和我的外祖母从未支持过希特勒推行的战争政策和种族大屠杀行为。也许他们只是支持法西斯主义的某些意识形态和思想方式，因此便加入了有关政党，但是他们从来没有伤害过任何人，也从来没有支持过法西斯主义的制度。"

但对于年仅六岁的奥黛丽来说，父亲的出走，无疑是儿童时代遭受的最大打击，也给她带来了影响一生的创伤。

之前父母的频繁争吵，已经让小奥黛丽痛苦不已，备受煎熬。每次父母吵得激烈时，她都会躲到桌子下面，紧紧地捂住耳朵，瑟瑟发抖。她不知道自己做错了什么，父亲为什么会经常陷入沉默；不知道怎样改变眼前这一切，让父母不再争吵。童年时在家庭生活中承受的痛苦，也在无形中影响了她的性格——她一生都不曾对人高声说过话。

而如今，父亲竟离家出走，再也不回来了。

奥黛丽之后很少提起这件往事："我感觉天崩地裂。我崇拜我的父亲，我六岁时他就离开了我，让我非常伤心，我不能忍受再也看不到他的念头。可是，一天又一天，他永远不再回到这个家。父亲离开了我们，也许让我们一生远离了安全感。"

父亲离家后，她问母亲："父亲为什么要离开我们，是不是父亲不爱我了？"母亲只能一遍一遍地告诉她："不是的，奥黛丽，你的父亲爱你。"但父亲离开的原因，母亲始终缄口不提。

奥黛丽忘不了父亲第一次带她乘坐滑翔机时的情景，风在耳边呼啸，凌空飞翔的快乐……许多年过去后，那些场景，还刻画在心里。在父亲出走后的很长一段时间里，奥黛丽都在深切地思念着他，父爱的缺失，也逐渐演变成情感的饥饿。

每次与母亲出门，她都不由自主地想要去抱街上娃娃车里的小婴儿，那时除了做芭蕾舞演员之外，她还有另一个梦想，就是拥有自己的孩子，可以给他最好的关爱。"我渴望被爱，也渴望爱别人。"奥黛丽说。

情感的饥饿和危机感,就像是无法弥补的伤痕,没有及时得到处理和治愈,势必会影响一生。受父亲离家的影响,成年后的她会非常感恩别人对她付出的情感。在爱情中,她总在担忧自己哪里做得不够好,并时常担心对方会毫无预兆地离去。等有了孩子之后,她对他们付出了无微不至的关爱,又恨不得时刻把他们带在身边。

那段时间,奥黛丽患上了轻微的贪食症。她希望以食物带来的饱胀感来填补对爱的饥饿,但结果是徒劳的,身体不仅在高热量食物的摄入下迅速地发胖,内心也越发觉得孤单和失落。

只有跳舞时,她才能暂时忘掉悲伤的一切。于是艾拉把奥黛丽送到伦敦的一家私立学校接受舞蹈训练,希望陌生的环境可以锻炼她的性格,或许也能让她的现状有所改善。同时,她也同意了罗斯顿提出的对女儿的探视权,展现出一贯的明智与宽容。

这时罗斯顿已经回到伦敦。不过让这对母女失望的是,罗斯顿的住所离学校近在咫尺,但从1936年春到1939年秋的三年多时间里,他去学校看望女儿,没有超过四次。他对政治的热情,远远高过了对女儿的关心。

1939年9月底,罗斯顿和数百名法西斯分子在未经审判的情况下,被当局政府下令遣送到马恩岛,从而被迫接受长达数年的监禁。后来奥黛丽向朋友们描述童年时代最后一次见到父亲的情景:"那一天,在滑铁卢车站……很像《铁路上的孩子们》里面的场景。"《铁路上的孩子们》描写一位父亲出狱后走下火车,他的女儿从蒸汽的白雾中向他跑去。现实却是，她的父亲正准备入狱，在茫茫的蒸汽中，目送她乘坐飞机离开。

开战在即，她的母亲已决定带她离开伦敦回到荷兰。

"那是一架橙色的荷兰飞机……它飞得非常低……飞越英吉利海峡，父亲很快就消失了……那是我最后一次见到他。"

奥黛丽本以为自己再也不会见到父亲了，但在丈夫与红十字会的帮助下，二十年后，她又重新联系上了他。这时罗斯顿住在爱尔兰，奥黛丽则成了好莱坞明星。这位父亲已经从报纸上获悉了女儿的生活状况。但接到奥黛丽这边的电话时，罗斯顿并未表现出女儿所期待的感动与热切，而是礼貌地表示可以再见一面。

相隔小半生，父女俩再次相逢。罗斯顿已是古稀之年，面容苍老，但神情却冷峻倨傲，也没有拥抱的举动。还是奥黛丽主动上前拥抱了他，并挽着他的胳膊拍了一张照片。照片上的奥黛丽，就像童年时代一样，依偎在父亲身边，笑容灿烂。

爱尔兰之行后，奥黛丽终于解开了纠缠自己二十年的心结。在父亲余下的年岁里，她一直对他提供着经济上的支持。她愿意完全地敞开胸怀接纳他，愿意承担赡养的义务，也经常写信过去，倾诉自己的心事，尽管做这一切，她并没有得到任何爱的回应。

直到很多年后，罗斯顿过世前才承认，女儿对他而言是多么重要，他为自己没能尽职尽责地当个好父亲而感到懊悔……时间已经过去，一切都不可追回。如今的他只想让女儿知道，他一直都为她感到骄傲。显然，经过数年监禁的罗斯顿已经失去了爱的能力。他其实早就意识到了政治信仰的错误，但他从不愿承认自己的溃败，就像一直不愿对女儿的爱有所回应。

而奥黛丽践行的人生信条则是：一个人无论有过怎样的遭遇，都不足以成为放弃爱与责任的理由。她说：不论别人做了什么，我们都要做到自己应该做的。

记忆不可以选择，但我们可以选择对待记忆的方式。如果可以时刻保持内心的信念、勇气和宽厚，去善待身边的人，善待这个世界，那么爱的能力便可以成为一种天赋，成为救赎的灵光，一路延绵照耀，生生不息，温暖了他人，也润泽了自身。

一个想变成蝴蝶的小女孩

当蝴蝶在身体里飞舞,我就会感到快乐。

奥黛丽曾说:"芭蕾是我最初的梦想,它磨砺了我的意志,也让我有力量走出最黑暗的那段日子。"

于是便有人问:"如果奥黛丽·赫本当初没有选择练习芭蕾,她过的会不会是另一种人生?"

答案是肯定的。

所谓人生,不过是生活中一次又一次选择的总和。就像雨林深处的一只蝴蝶偶尔扇动翅膀,可能引起远处的一场龙卷风,我们所做出的任何一次细微的选择,都可能影响整个人生的布局。

然而世间终究没有如果,对于选择,也不是非黑即白可以论述的。

只是岁月漫长,无论选择哪个方向、哪条道路,是结伴同行,还是独自穿越,都不要忘记初心,不要辜负梦想。

1939年秋,奥黛丽随母亲到荷兰阿纳姆居住。

这时的奥黛丽已经出落成美丽的小小少女。但她对自己的相貌和身材都不是很满意，甚至还有一点儿自卑——她觉得自己太胖，牙齿不够整齐，脸型不够优美……也因为自卑，她愈加努力地练习舞蹈，期望能够用完美的舞姿弥补外在的"缺陷"。

奥黛丽的努力没有白费。早在伦敦上学时，她就卓然不同。十岁生日那天，她在台上表演了一支独舞，赢得了满堂喝彩。当时正逢母亲去学校探望她，而她却完全沉浸在舞蹈的世界里，神采奕奕，精神饱满，对母亲的到来毫无察觉。

奥黛丽日后笑言："我那时最期待的是芭蕾舞的课程，其次是历史课、神话课，还有天文学，我不喜欢与数学有关的科目，数学会让我的脑袋成为一团乱麻，只有下课时，才能轻松下来。"

在伦敦上学时，在同学的眼里，奥黛丽是一个有着神秘色彩的小女孩。有位同学回忆："她说她叫奥黛丽·罗斯顿，也叫奥黛丽·赫本，和电影明星凯瑟琳·赫本的姓一样。但当我们问起她为什么会有两个姓时，她就再也不愿多说了……后来有一天，她突然就收拾行李离开了，看起来很匆忙，也没来得及跟我们告别……我们从没想过她会来到我们身边，然后又神秘地离开了我们……"

如果你有一个朋友

你们很要好

拜托不要告诉她你的心事

假如她不再喜欢你了

那么全世界都会知道你的秘密

——奥黛丽在同学的留言本上曾写过一首这样的小诗，落款日期为1938年9月8日，父母婚姻失败三年后，父亲被秘密监禁之际。

可见父亲的出走，父母婚姻的破裂，让小小年纪的她背负了很大的压力。为自己的家庭保守秘密也被她当成了一种责任，她很害怕言语不慎会泄露出什么，一直不敢跟同学太过亲密。

在母亲的家乡阿纳姆，奥黛丽终于可以放下负担，暂时忘记失去父爱的痛苦，与亲人们温暖而愉快地相处。

在外祖父的庄园里，她有自己独立的房间，慈祥的外祖父为她置备了钢琴还有许多书。无事的时候，她可以读书，坐在窗边观看远处的山色，还有近处的湖泊。闲云悠悠，一群群的水鸟擦着碧波飞过。

这时她的两个哥哥也来到了母亲的身边。有时他们会与妹妹一起玩"看手势，猜字谜"的游戏，奥黛丽很聪明，也很有表演天赋，只是那时谁也没有想到，这个小女孩日后会成为一位明星。

奥黛丽的舅舅威廉是一位受人敬重的法官，他给予了这位外甥女不少的疼爱，也为她灌输了"消除种族歧视"和"热爱和平"的理念，让她一生都备受鼓舞。另外，和众多表姊妹相处，也让她开朗了不少。

"二战"爆发前，赫姆斯特拉家族会经常进行聚会。从1939年家族留下的照片中可以看出，奥黛丽当时的精神状态很不错。他们开着汽车到海边度假，大人们在树林里悠闲地谈话，准备野餐，孩子们则在沙滩上奔跑嬉戏，把沙子不断挤到脚趾缝里。大家其乐融融，充分享受着自然的馈赠以及轻松美好的时光。

有一张照片，是奥黛丽在沙滩上表演芭蕾，大家坐成一圈围在她的身边。她张开双臂，旋转身体，就像一只轻盈的蝴蝶。

照片背后，是她稚嫩却坚定的字迹："我的芭蕾梦。当蝴蝶在身体里飞舞，我就会感到快乐。"

在舞蹈学校上课时，奥黛丽一分钟也不敢松懈。

艾拉为她选择的学校是阿纳姆音乐舞蹈学院，那里有专业的老师教导她。因为常规的训练和心情的改善，加上即将进入青春期，她的身材很快退去了婴儿肥，变得窈窕匀称——脖颈纤长，腰部纤细，大腿线条流畅。奥黛丽依然勤奋得让人惊讶，与班上很多同龄的女生显然不同的是，那些人只是把练习舞蹈当成一种兴趣，她们更喜欢谈论那些耀眼的电影明星，而奥黛丽却有一种强烈的使命感，对待每一节课每一个动作都十分认真。

她也有自己的精神榜样。伟大的舞蹈家瓦斯拉夫·尼金斯基、安娜·巴甫洛娃、玛戈特·芳婷，都是她心中的明星。

"我想成为芭蕾舞明星，像芳婷一样的首席演员。"奥黛丽向母亲吐露心声。为此，艾拉为女儿置办了最好的舞衣和舞鞋，为她的梦想加油鼓劲。

1940年5月4日，身为当地艺术协会会长的艾拉告诉了女儿一个好消息，世界知名的萨德勒斯威尔斯芭蕾舞团（英国皇家芭蕾舞团的前身）即将到阿纳姆做访问演出，而奥黛丽不仅可以去观看演出，还被选为了学生代表，可以去后台为演员献花。

为了迎接这一天的到来，艾拉专门为女儿量身制作了一件精致的长裙礼服，让奥黛丽非常欣喜。"那是母亲送给我的一份独具意义的生日礼物，因为可以穿着它见到我崇拜的芭蕾舞演员。"很多年后，她还记得那个场景，那种兴奋与紧张并存的感觉，脚趾紧紧地抠在鞋子里，长礼服的裙摆拖在地上发出沙沙的响声……

5月9日，艾拉带奥黛丽去观看萨德勒斯威尔斯芭蕾舞团的正式演出。舞团由著名芭蕾明星德瓦卢娃担任艺术指导，顶级芭蕾演员玛戈特·芳婷任首席女演员。演出结束后，艾拉上台用英语和荷兰语分别致辞，之后，奥黛丽又捧着自己亲手采摘的郁金香和玫瑰，上台向德瓦卢娃及芳婷献花。

对于奥黛丽来说，那是她人生中的一件盛事。芳婷沉稳严谨的舞姿和优雅温柔的性格让她倾慕不已。她鼓起勇气告诉芳婷："我希望成为像您一样的芭蕾舞舞蹈家。"遗憾的是，芳婷没来得及与她多说几句话，就匆匆离开了。那天的演出行程非常紧张，演员们甚至没能参加演出后的酬谢宴会——因为战局紧张，英国领事馆临时通知舞团即刻离开荷兰。

萨德勒斯威尔斯芭蕾舞团离开后的第二天，战争就全面爆发了。

黑夜夹带雷电覆盖了城市，德军入侵了荷兰，并迅速占领了阿纳姆。城市里到处都是轰炸声和枪声，纳粹的降落伞布满天空，汽笛声震耳欲聋。荷兰军队势单力薄，一味盼望援军早些到来。市民们关闭了门窗，小心翼翼地躲在家中。

对于奥黛丽而言，那是一个极其难忘的夜晚。和芳婷见面所带来的喜悦冲淡了她对战争本该有的惧怕。她表达了愿望，找到了梦想，对自己有了一次新的肯定，她甚至感到不再那么忧郁了。一直到第二天早上，她才意识到自己已经身处潮湿的地下室，大大小小的老鼠在地板上穿梭，而她自己也正在发抖。一切都是真实的，她开始感觉到战争的存在，同时也感觉到死亡近在咫尺。

但是，她也找到了生命的意义——成为一名舞蹈家。

阿纳姆被占领期间，好在艺术课没被禁止，在学校里，奥黛丽还能继续聆听巴赫、贝多芬和莫扎特的音乐，还可以继续练习芭蕾。

奥黛丽说："我也害怕战争，但是我想要跳舞的热忱，远远高过了我对德军的恐惧。"艺术抚慰了在战争中受伤的心灵，成了少女赫本在黑暗岁月中唯一可以啜饮的芳馥。

时间漫长，道路险阻，无论处境怎样艰难黑暗，点亮了梦想这盏灯，内心就有了方向，有了坚持走下去的力量和勇气。而一个人经历过痛苦的淬炼，生命也将获取到新的意义。从伤痕中开出的花朵，竟然格外美丽。

第二章

我的人生比童话还精彩

我的人生比童话故事可精彩多了。纵使经历许多艰难困苦,我总能在最后有所收获。

——奥黛丽·赫本

青春本是一个人生命中最值得追忆的芳华，然而，奥黛丽·赫本的青春却在战火、杀戮、饥饿、囿限中度过。

艰险岁月中，奥黛丽从未放弃过梦想和希望，她成为反战组织的小小情报员，在为国家贡献力量的同时，也在心底埋下了一粒和平的种子。

对于弱者而言，苦难是击打，是摧毁；对于强者来说，苦难也可以成为磨砺和淬炼。因为天使亲历过地狱，所以终有一天，她会倾尽所能地把爱播撒在人间。

黑暗如潮水汹涌而至

我才十多岁,就已然明白人性的冷酷。

"如果我们知道阿纳姆会被德国兵侵占五年之久,我们一定会饮弹自杀。当时,我们以为噩梦下周就会结束,也许六个月后,或者明年——我们就是这样一天天挨过来的。"说这句话时,"二战"结束已有数十年,而奥黛丽依旧感慨万千。

当时,奥黛丽虽然只有十多岁,却已经看尽了人性的冷酷。"如果你听到或读到纳粹令人发指的行径,请不要怀疑,事实比你想象的还要残酷。我们的天黑了,黑暗如潮水一般,淹没了城市……"

战争就是一个永不消散的噩梦,存在于每一寸空气里,一呼吸就能感觉到。占领军就像对他们的称呼一样,强占土地,抢夺财物,控制精神,奴役肉身,让无数无辜的人失去了生命,也让无数的人无家可归、度日如年。

"或许战争就要结束了。或许明年,或许下个月,或许明天也说不定。"

很多人都在用类似的话鼓励家人活下去。这样的话，哪怕只是纸上的饼，幻想中的梅，也不失为一种精神的支撑。

德军占领阿纳姆后没几个月，就强行没收了赫姆斯特拉家族的全部财产，包括工厂、房产、土地、证券、黄金、珠宝……数百年悉心经营积累的财富，在战争中被抢夺一空，除了空空的贵族头衔，整个家族一夜之间变得一无所有。

奥黛丽与母亲只能暂时搬进一所旧宅里，面对德军的层层施压，生活举步维艰。

这时的艾拉不禁悲伤地意识到，自己当初以"安全"为由把女儿带回荷兰是一个多么错误的决定。

战前她曾从荷兰政府得到消息，如果英国与德国开战，荷兰政府将以中立自保——政府相信，长期与希特勒政府之间的贸易关系，可以让他们的国家免除战乱之苦。但实际上，在英国与荷兰同时遭到德军侵袭之时，英国因为充分的备战能够及时将儿童转移到安全区，荷兰却因没做战备而遭到了更为严重的摧残。

奥黛丽记得，当时城里的居民们在街上碰面，说的每一句话，做的每一个动作，都必须很谨慎。没有人知道谁是纳粹安排的间谍，也没有人知道谁是地下抵抗联盟的成员，谁又是中立者。每个组织都设有独立的代码，在没有确定对方的身份和立场前，谁都有可能成为敌人。

艾拉告诉了奥黛丽一些暗语，比方有人提到了"印尼餐"，那就代表周围有窃听的人，说话要注意。

地下抵抗联盟的创始人正是艾拉。舅舅威廉也是重要成员之一。凭借贵族身份在当地的影响力，艾拉与威廉暗中召集了很多志愿者，从王室成员到普通民众，大家都愿意为了家园的自由抗争。在首都沦陷、女王流亡、盟军无暇顾及的情况下，他们必须采取自救抵抗。而在抵抗运动中，勇敢的意志、坚定的信念、缜密的思路，远比社会等级更重要。

在德军入侵阿纳姆五天后，艾拉带领她的抵抗联盟联合另一股力量，炸毁了德军火车进入荷兰的多处铁路、桥梁以及军需供应站，为正规军争取了宝贵的时间。不幸的是，威廉被捕了——他与其他五名成员成功引爆了一列纳粹士兵乘坐的火车后，当场被德军抓获，包括他的两个侄儿，也就是奥黛丽的两位表哥。

德军选择在阿纳姆的中心广场处决被捕的抵抗人员，企图进一步瓦解人心。"我们看见亲人们被德军抵在墙上，当着众人的面被射杀。"回忆起那个残忍的场景，奥黛丽心有余悸地说。她当时被吓坏了，无法抑制内心的恐惧与痛楚，却也只能抱着母亲，无声地哽咽。而母亲也必须强忍住悲愤，将眼泪咽回心里。

母亲的表现比奥黛丽想象中的更坚忍。坚强睿智的女男爵没有被失去亲人的创伤击垮，而是痛定思痛，愈加冷静周密地部署抵抗计划，就连组织的秘密会议都转入家中地下室进行。

奥黛丽清楚地记得，家中的地下室里还藏匿过抵抗军人，母亲把他们安排在那里，并嘱咐她，在言语上一定要严格保密，万分小心。

另外，在陌生人面前一定不要说英语——占领阿纳姆后，纳粹开始全面地实施奴化行动，禁止播放英美影片，禁止英国进口的食物，并强行篡改历史教材，对学校的教员灌输法西斯思想，对课程全面实施德国化改革。

为了奥黛丽的安全，也为了避免不必要的麻烦，艾拉决定为奥黛丽改一个名字，因为她原来的名字太像英国人了，说话时又带有英国口音。

奥黛丽再一次为母亲的智慧折服——母亲在自己原有证件的名字下面，轻轻添了两笔，就由"Ella"变成了"Edda"，如此，艾达·凡·赫姆斯特拉便成了奥黛丽的新名字，一直使用到战争结束。

战火纷飞的年代，学习条件和生活环境一样恶劣，1940年的整个冬天，奥黛丽上课的教室都没有供暖，很多同学都退了课。但奥黛丽一直在坚持，哪怕练习舞蹈时脚部经常被冻伤。

黑夜茫茫，信念是灯塔，亲情的温暖也一样。所以，在枪炮声和杀戮面前，她都能始终坚守自幼的梦想——音乐、芭蕾，从不因条件的艰苦而有所松懈。

在整个战争时期，除了自由与和平，让奥黛丽最为期待的事情就是可以收到祖母的来信。她的祖母住在维尔纳，是个特别慈祥的老太太。在艰难的处境中，老太太一直没有忘记与孙女通信的约定，一有机会，她就会给奥黛丽寄礼物、衣服，在信中表达最慈爱的关怀。

在给祖母的回信中，奥黛丽有时也会写到自己很思念父亲，但更多的是对梦想的憧憬："我的荷兰语讲得不太流利……好在有我喜爱的芭蕾舞蹈,您可能不知道,我的脚尖好像比我的舌头更会表达自己……"还有对和平的渴望,"希望一切可以早点儿结束,我热爱生命,也热爱和平……"

十几岁的奥黛丽,经历过最深的黑暗,她心智的成熟已经明显超越了年龄,在灾难与苦难面前,对情绪的掌控力也日益强大起来。

每一天都是劫后余生

我深信遇事要坚强，相信乐观的女孩最美。我也相信明天会更好，相信奇迹的存在。

这一天，十三岁的少女接到了一个任务。她必须立即赶往市郊山区，去寻找一名失联的英国伞兵。因为纳粹军队即将去那里进行军事演习，所以要赶在德军发现之前尽快找到他，再协助他联系上附近村落的盟友或找到安全的藏身之地。

"你会讲流利的英语，年纪也不会特别引人注意，确实没有比你更合适的人选了。只是……这件事情还是太过危险。"向她委派任务的人有些担忧。而她绽开一个自信的微笑："保证完成任务，长官。"

她很快进入山区森林，经过一番徒步搜寻后，很幸运，她找到了那名受伤的伞兵，并迅速与其交换信息。但就在她准备走进村子时，她察觉到身后有人尾随……是纳粹士兵吗？

她灵机一动，开始哼唱一首荷兰小调，不时弯腰采摘野花。此时她身后的德国士兵也来到了她的面前，警觉地询问她为何会出现在森林里。

她假装听不懂他的话，微笑不语，然后又铤而走险地把手中的野花送给了对方。幸运的是，那名德国士兵真的接受了那束野花，而且相信了她只是一位普通人家的少女。看着她清澈如水的眼睛，他竟忍不住拍了拍她的脑袋，温和地用手势示意她尽快离开。

少女朝士兵挥手再见，便悄悄潜入附近的村落。她小心翼翼地识别，终于用暗号找到了一名清道夫，最后成功解救了那名英国伞兵。

——没有经历过战争的人或许会问，这是哪一部电影中的情节吗？

然而不是。

这只是1942年荷兰阿纳姆郊区发生过的一件事情，也只是"二战"千千万万的时间切片之一。而这位十三岁的少女，正是化名"艾达"的奥黛丽。

多年过后，奥黛丽回忆起这惊心动魄的一幕，却平淡地说："这没有一点儿可歌可泣的成分，对于每一个荷兰儿童来说，为了拯救反抗人员的性命，就算献出自己的生命，也在所不辞。"

在母亲的教导下，奥黛丽已经成为一名合格的小情报员。平日在学校上课时，她是艾达，是芭蕾名师薇加·马诺娃的得意门生；待到夜幕降临，她就成了"黑色舞台"的舞者，她和她的同学在没有灯光的黑屋子里表演节目，为抵抗联盟募捐。

艾拉为奥黛丽制作了舞鞋和舞衣，并一再嘱咐她需要注意的事项。

战争年代，物资极度匮乏，一切装备只能从简，譬如用毛毡布的边角料来制作舞鞋，把大人的裙子改造成舞衣。

舞台设在一位邻居的家里。为了不引起德国巡逻队的注意，房间里熄掉了所有的灯。屋里一片漆黑，大家只能看到几个朦胧的身影在台上舞动着，舞姿流畅，又富有力量。舞台旁边是一架钢琴，轻轻地流淌出莫扎特的曲子。观众们静坐在角落里，沉默地聆听和欣赏。表演完毕后，奥黛丽鞠躬致谢，大家则默契地传递着一顶礼帽，开始往里面放钱，其中就包括军队与地下抵抗联盟之间的密文。

遗憾的是，这些她这一生中最初的观众，却不能给她掌声，也无法用言语表达欣赏之情。纵然如此，她也义无反顾。

长期严格的芭蕾舞训练，赋予了奥黛丽敏捷的身手、轻盈的体格——她没有想到，这也能成为危机之中的救命稻草。

有一次在街上，奥黛丽不幸被一小队纳粹士兵强行赶上军用卡车。车上还有很多女人，她们蹲在一起，被枪声吓得直打战。很多年过去后，奥黛丽还记得她们惊恐的表情和绝望的眼神。

奥黛丽也很害怕，但她很快强迫自己冷静下来，希望能想到自救的办法。

卡车沿着街道穿越城市，一直开向德军官兵俱乐部。车上的人都知道，被抓的女性一旦到了那里，就是有去无回。

就在奥黛丽以为难逃劫难的时候，机会来了。卡车突然停了下来，紧接着，车上的纳粹士兵都跳出了车外，开始欺辱路边的几名犹太人。纳粹士兵们用步枪枪托敲击犹太人的脸，并不断地辱骂他们——之所以知道他们是犹太人，是因为他们的身上都被迫佩戴着黄色的戴维之星——那是犹太教的象征。趁这个时机，奥黛丽敏捷地跳下了车，再迅速弯腰滚过车底，成功避开了司机的视线。逃离后，她像风一样地消失在人群中。

奥黛丽的两个哥哥没有她那么幸运。大哥亚历克斯在战争中被俘，逃脱后又失踪，杳无音信。二哥伊恩在一次激烈的抵抗中被抓捕，随即又被送到德国的一家军需工厂做奴工，同样生死未卜。

包括一些参与抵抗运动的荷兰儿童，也未能幸免。他们曾试图破坏德军的有线电通信和煤气供应中心，但很快被抓，有些入狱，有些当即被枪决。

不久后，纳粹军队又抓捕了几百名荷兰人和犹太人，将其以"触犯德军罪"和"帮助英军罪"杀害。

奥黛丽亲眼见到了一次惨烈的暴行。当时在大街上，老人和小孩的哭声、惨叫声、施暴者的枪声，此起彼伏……如临地狱。那些无辜的手无寸铁的人，就那样被残暴地赶进装运牲畜的车辆，然后送往集中营遭受集体屠杀。而面对这些惨无人道的场景，奥黛丽必须按照母亲的交代，装作若无其事地离开。因为如果流泪或是表现出愤怒、悲伤，那么就会被安上莫须有的罪名，遭到逮捕和枪杀。

在战争中，每一天都是劫后余生。所以别无他法，确保自己的人身安全，不仅是义务，更是责任。只有保全自身，才能为抵抗做更多的事，才能平安等待亲人归来。

史上最寒冷的冬天

我要在和平温暖的空气里，跳我最爱的芭蕾舞。

随着盟军的进攻，纳粹政权对荷兰人的镇压也越来越严酷。从1943年开始，德军强行征走了居民家中所有的粮食。收音机成了违禁品，学校也被勒令停课。这时，除了领导抵抗联盟，如何让家人在残酷的环境中生存下来，便成了母亲艾拉要解决的头号问题。

奥黛丽回忆："最开始，每天还能吃到一餐饭，但很快就只能吃豌豆做成的面包了，还有野芹菜熬成的汤，味道很糟糕，可是为了活命，必须咽下去……我们每时每刻都期盼盟军胜利的消息。"

一直熬到1944年，德军开始显现疲态，气焰减弱，节节败退，紧接着，盟军解放巴黎和布鲁塞尔的消息传到了阿纳姆，市民们无不欢欣鼓舞，翘首期盼光复日的到来。

然而，就在大家满怀希望、盟军胜利在即、局势一片乐观的时候，一次战役，又将整个城市送入了更深更寒冷的黑暗。

战役的代号是"市场花园"。阿纳姆市，正是德军反空袭防线的中心——"市场"。该战役由英军新晋元帅蒙哥马利指挥，联手美国空军和波兰伞兵，组成史上最大规模的空降部队，计划夺取荷兰境内的八座大桥，从而突破敌军防线，为沦陷区的人民赢得一个和平的圣诞节。

1944年9月17日，"市场花园"战役正式打响，盟军第一天空投了一万多名伞兵和三千多名滑翔兵，他们准确地切中了目标，给战势打开了一个好局面。但到了第二天，局势开始出现逆转，越来越多的飞机被德军击落，纳粹的装甲部队已经开进了阿纳姆，他们炸毁了桥梁，很快又用猛烈的炮火控制了地面局势。数番激战中，突击队最前面的盟军空降一师几乎全军覆没，城中居民也伤亡惨重。

直至9月26日，十天的时间，数万盟军折损过半，德军仅伤亡三千人，"市场花园"行动彻底宣告失败。一名参与战役的英国老兵回忆说："那是一场噩梦般的战斗，那里没有光荣和胜利，只有潮湿、冰冷、肮脏和血腥。"

与此同时，在德军的命令下，阿纳姆的全体居民都将撤离城市。如果有人不想撤离，就会立即遭到枪决。一场九万人的大流亡就这样开始了，而在路上死去的就有三千多人。空战还在继续，炮弹如雨点一般落下，很多人受了伤，但没有药品，没有食物，疾病蔓延，到处都是哭声……

"昔日的美丽家园顷刻间成为人间地狱，到处都是废墟和炮火，我们在轰炸中幸存，又被迫离开，却只能在心里大哭，搀扶着挣扎着走下去。"

好在奥黛丽一家终于找到了栖身之所。她的外祖父曾在维尔普乡下留有一处宅院，因为位置偏僻又年久失修，破旧不堪，才成了德军洗劫时的"漏网之鱼"。

相比逃亡之路上的众多难民，他们一家要幸运得多，至少还有容身之处，还能尽可能地帮助一些流离失所的人。

"越来越多的难民经过我们的家门口，向我们乞讨食物，寻求住处，还有一些人饿得倒地不起。最多的时候，我们收容了四十个人，但结果是徒劳的，我们再也拿不出食物了，他们只能继续前行……没有什么比那种灾难更摧残人心了。"

是年冬天，气候异常寒冷，很多人在极度饥寒中失去了生命。炮火一直没有停歇，地下室形同冰窖，没有燃料，没有灯光，没有新闻，没有书本，没有食物……但比起每天遭受的恐惧，这一切都算不得什么。

"就像是住在虚无的空间里，被世界遗忘……"

真正的恐惧，不是身体的遭遇，而是精神的折磨；不是发生过什么，而是不知道会发生什么。

在这个荷兰历史上最寒冷的冬天，为了活下去，很长一段时间里，奥黛丽一家人都在用郁金香球茎充饥。家里没有任何食物，他们也没有任何获取食物的途径。雪上加霜的是，奥黛丽又因营养不良引发了黄疸，她双腿浮肿，体重骤降，只能无奈地躺在床上，用睡眠来抵抗饥饿和病痛。她甚至以为，自己熬不过这个冬天了。

疾病让她变得越来越虚弱，连说话都没有力气。如果只是单纯的饥饿，她倒很有自信可以比别人撑得更久一些——之前练习舞蹈时，她就有过用一小块奶酪让自己保持整天体力的经历。但疾病让她没有办法。病痛来临时，还好有母亲和家人陪伴在身边，这让她内心得到了不少安慰。

对于艾拉来说，只是让女儿觉得安慰还远远不够。在没有任何药品的情况下，她每天都在担心奥黛丽会因为肝炎而死去，所以她必须不断用言语来巩固女儿求生的意志。

有一天，艾拉好不容易从抵抗联盟那里得到了一罐食物，她对奥黛丽说："你一定要活下去，只要活着，就有希望……"

后来奥黛丽回忆起那一段最困苦的日子，依然对母亲满怀感激："母亲的话有一种神奇的力量，是她的话帮助了我。我躺在床上，不能下地活动，但我时刻在心里祈祷，战争会早点儿结束。我告诉自己，我不是最痛苦的那一个，在其他地方，还有很多人比我活得更艰难，环境更恶劣……但只要活着，就有希望，我的希望是和平……我要在和平温暖的空气里，跳我最爱的芭蕾舞。"

如果一个人在战争中失去了所有的金钱、房产、富贵的生活，那么生命就是最高的价值。活着，就是与自身相依为命。

能将一个人连根拔起的，不是外界环境的残酷，而是精神世界的坍塌。圣者度人，强者自救，只有永不放弃的人才能在机会到来时，保持抓住机会的力气。凭借自己强大的意志力和对生命的渴望，奥黛丽终于熬过了黎明前的黑暗，迎来了自由的曙光。

因为痛过，所以懂得

这世上恐怕没有任何人，能像怀抱梦想的孩子般有决心。

提及自由，很多年之后，奥黛丽闭目回想，浮现的气息依旧是"英国烟草的辛凉与沉着，汽油的炽烈与工业型的芬芳，还有巧克力微苦醇厚的甜香，从鼻翼直抵口腹……"

1945年5月4日是奥黛丽的十六岁生日。

那一天，窗外显得分外宁静。原来密集的炮火声已经消失了，渐渐地，有人开始欢呼，有人唱着歌奔跑……紧接着是一阵礼貌的敲门声。虚弱的奥黛丽小心翼翼地通过窗子向外张望，当她看见一队英国士兵站在屋外时，不禁大喜过望。她知道，自由终于来了。这无疑是她有生之年收到过的最好的生日礼物。

历经五年的黑暗岁月，屡次与死神擦肩而过的奥黛丽立即打开了大门，跑出去挨个拥抱那些英国士兵。士兵们告诉她，战争结束了，荷兰解放了。

"他们的声音里，带着神性的光辉。"

然后，她就闻到他们身上的烟草气味——后来她知道那就是威尔士"金叶"牌的味道，还有汽油味儿，那一刻她就像闻到独特非凡的香水，愉悦、振奋、悸动，又备感亲切。

她突发奇想地向一名士兵要了一支香烟，并试着抽了一口，却被呛得咳嗽起来。但幸福的感觉瞬间就充盈了全身。她回忆说，自己就是在那一刻爱上香烟的，以至于在成年后的每一天里，都离不开香烟的陪伴。

她已经太久没有尝过巧克力的味道了。这几年，她自己都不知道幻想过多少次，享用一回美味的巧克力蛋糕。而刚好有一位好心的士兵给了她五条巧克力，饥饿的她一口气把它们全吃了进去。没想到，却因此大病了一场。

和香烟一样，此后她也一直深爱着巧克力。在进入好莱坞之后，每次午睡起来，她都要吃下一大块巧克力。巧克力可以为她驱走忧郁，让她久久地沉浸在美妙的滋味里，不仅是唇舌之间的享受，更是一种直抵灵魂的慰藉。她说："你必须承认，醇美可口的巧克力对很多人都有重要的意义。它对我也一样，它是美梦，是自由。"

不久，联合国善后救济总署送来了青霉素，及时挽救了奥黛丽的生命。到了月底，更多的生活供给慢慢到位，食物、营养品、咖啡、毛毯、香皂、衣物……城里的学校全都成了临时救济站，赫姆斯特拉家族主动承担起分配的职责，为无数的荷兰难民雪中送炭。

奥黛丽得到了一条裙子，那份来自美国的善意，让她珍藏了很多年。每当她看到那条裙子，就会想起曾接受过的无私的爱，想起她参与分配时那些荷兰人民感恩的眼神。

"这些足以让我对联合国儿童基金会感恩一生。"经历过这些事，奥黛丽立誓一定要在有生之年竭尽所能地去帮助更多身处困境的人，她将永远呼吁和平，抵制战争。没有什么会比对别人苦难的同情更重要，任何实质的东西都不会，身份、地位、财富、才华，都在同情之下。

虽然这个世界存在着不少罪恶，但也存在着许多善意，而在困境苦难之中，即便是最细微的善心和爱，也能改变一个人的命运。

是年夏天可谓喜事连连。

战争结束后的第二个月，奥黛丽的大哥亚历克斯回到了阿纳姆市，他曾在战争中失踪，一度生死成谜。就在大哥平安归来的第三个星期，她的二哥伊恩也从柏林回乡了。

奥黛丽记得，当时家里没有一点儿可供庆祝的物资，但一家人拥抱在一起喜极而泣的情景，同样让她感到了由衷的快乐。历经生死，相依为命，从此再也没有什么能够切断这份亲情的维系。

"在那样的年代，经历了死亡、贫穷、危险，从而加倍珍惜和平与安全，体会命运的莫测，懂得珍惜生活。"

灾难过去，生活继续。赫姆斯特拉家族重新获得了庄园，但其余的房产已经全部捐给了国家，用来安顿在战争中失去房屋的人们。奥黛丽的两个哥哥选择留在阿纳姆，她与母亲搬到荷兰的首都阿姆斯特丹生活。荷兰女王亲自指派了工作给她们：到阿姆斯特丹郊区的皇家伤兵疗养院担任志愿护士，负责照顾伤员。

有名伤员叫特伦斯·杨，曾担任荷兰坦克部队的指挥官，他后来成为电影导演，并与奥黛丽保持了一生的友谊。康复后不久，杨就与人合作拍摄了《阿纳姆居民》，该片以阿纳姆战役为主题，是一部"二战"时期优秀的纪录片。20世纪60年代，他执导的电影《盲女惊魂记》，主演正是奥黛丽。

据杨回忆，当时他跟奥黛丽聊起日后的梦想，他说自己想当电影导演，奥黛丽则告诉他，她的梦想是当舞蹈家——目标非常明确，是"芭蕾舞团的首席女演员"。

如果说芭蕾是奥黛丽儿时的梦想，那么和平就是她的毕生心愿。她说："和平是爱，是自由，是光明。"

多年后她成为好莱坞明星，把自己在瑞士的庄园命名为"和平之邸"。占有可以填补私欲，分享却能带来真正的快乐。晚年，她又把生命中最后的时光全献给了慈善事业。联合国善后救济总署发展成为联合国儿童基金会，奥黛丽被任命为亲善大使，她数次亲赴战地，并倾尽全力为那里的儿童筹集善款。

因为痛过，所以懂得——她亲历过战争和黑暗，所以才会明白那种在饱受疾病和饥荒折磨时苦苦等待光明的滋味。

刚到阿姆斯特丹时，奥黛丽就忍不住给祖母写信："我和母亲住在疗养院里，工作是负责照顾伤员，有时候也会为他们读书和写信。现在的生活很平静，我时常会觉得幸福，一切都在朝着好的方向发展……我很期待再次学习芭蕾舞，我实在是太想念舞台了……不过您别担心，我亲爱的母亲正在为我的梦想做准备，我也相信我的健康很快就会恢复过来……"

实际上，战争对奥黛丽身体的损害远比她想象的更严重，比如极度营养不良导致的肠胃病，导致奥黛丽一生都身体瘦削。不过，少女的精神却因灾难的磨砺而愈发坚韧。

每个人的内心都有一触即溃的部分，也有始终不可战胜之境，自己的脆弱和坚强都会超乎自己的想象。有一天，当你经历过风雨，穿越了黑暗，懂得独自品味眼泪的滋味，那么再深不可测的苦痛，也不过是一个笑中带泪的故事。

第三章

跑龙套的可爱精灵

她只有一句台词,但迟早会成为一个大明星,让我们拭目以待。

——制作人、导演 马里奥·赞皮

战争偷走了奥黛丽·赫本的舞蹈梦想，让她痛不欲生。

　　好在她懂得及时放下，并在痛苦中培植出了"重建人生"的能力，不畏艰辛，从头再来。新的逐梦之旅开始了，尽管只是跑龙套，但她每一次都会全力以赴，从未有任何的敷衍与懈怠。

　　世间没有从天而降的幸运，如果有，也不过是努力的另一个名字。她通过自身的努力，静静等待破茧成蝶的契机，等待幸运之门为她开启。

再见了，亲爱的芭蕾

我相信在一切陷入混乱时，仍应保持坚强。

奥黛丽成为国际巨星后，媒体曾对她昔日的良师进行采访，问起当年如果奥黛丽选择继续练舞，会不会成为舞蹈明星时，玛丽·兰伯特夫人依旧坚持当初的看法。

——面对镜头，她委婉地表示："如果她坚持跳芭蕾的话，她可能会成为一位杰出的舞蹈家。当然，也只是可能。"

1946年初，艾拉母女在完成照顾伤员的任务后，从疗养院搬到了阿姆斯特丹市区。

奥黛丽再次回到芭蕾舞学校，艾拉则运用昔日的人脉在一个较为富裕的家庭中担任厨师。她们在学校附近租了一间小公寓居住，奥黛丽步行半小时就可以到达学校。下午回家后，能多出一些练舞的时间。艾拉每天早出晚归，获得的薪酬尚能应付女儿的学费和日常家用。战后的城市，百废待兴，她们正在慢慢构筑新的生活。

艾拉为奥黛丽寻找的舞蹈老师名叫桑妮雅·盖斯凯尔,是阿姆斯特丹最负盛名的芭蕾舞教师,曾创立过荷兰国家芭蕾舞团。

从奥黛丽和祖母的通信中可以看出,她很喜欢这位老师:"这所学校比阿纳姆的那所要更合我的心意,老师非常迷人……"

盖斯凯尔同样对这位勤奋刻苦的新学生青眼相待,有时还不忘用自己优雅的声音提醒她:"亲爱的,你对自己太严厉了。"而在奥黛丽心里,劫后余生,活着已属不易,能重拾梦想更是幸运中的幸运,她自然不愿意浪费一分一秒。

1946年5月,阿姆斯特丹的园林剧院有一场特别的演出,表演者都是盖斯凯尔最钟爱的学生,其中就包括她的得意门生阿特丽克斯·莱奥尼和奥黛丽。

但奥黛丽有更明确更宏伟的目标,那就是成为芭蕾舞的首席女演员——站在人群里和很多人一起表演,即便再好的舞台,也不是她想要的。她在继续努力,等待破茧成蝶的那一天。

然而好景不长,这年年底,盖斯凯尔的舞蹈学校突然失去了政府资金的支持,理由是她的编舞太过前卫。盖斯凯尔一气之下关闭了舞蹈学校,准备来年前往巴黎开拓事业。

在离开阿姆斯特丹之前,盖斯凯尔与艾拉见了一面,谈到奥黛丽时,她不无惋惜地表示,奥黛丽是个有天分又勤恳的孩子,但她的个子有些偏高,身体虚弱,肌肉不够紧实,年龄也失去了优势……这些因素都会影响她的舞蹈事业。

确实如盖斯凯尔所说,这时奥黛丽的身高已经达到了170厘米,比那个年代一般的芭蕾舞演员都要高——这将导致表演时她与其他人的身高差会让整体视觉达不到最佳效果,并且与她搭档的男演员也无法完美地完成托举动作。

其次,战争对身体的损害,又让她达不到绝对的健康标准,她的体重尚不足90斤。

再者,她的年龄也超过了学习芭蕾的黄金年龄。

但艾拉不愿意就此放弃,没有人比她更了解女儿的梦想,哪怕只有百分之一的希望,她也要带着女儿去尝试。为了不让女儿灰心,她隐瞒了盖斯凯尔的话,并竭力为女儿寻找新的机遇。

于是,不久后奥黛丽再次获得了名师教导的机会——带着盖斯凯尔的推荐信以及储备已久的壮志雄心,她得以进入伦敦最好的舞蹈学校——兰伯特芭蕾舞学校学习。

母女俩于1948年1月到达伦敦。

雨雾迷蒙的时尚之都,街道上飘荡着浓郁的可可香味,泰晤士河水缓缓流向远方,建筑物则完好地保留了维多利亚时代的气息,就像那些橱窗里模特的脸,优雅又冷艳。

在写给祖母的信中,奥黛丽难以掩饰自己的兴奋之情:"母亲带我到科芬园观看了两场芭蕾舞表演,我真希望有一天可以穿着芭蕾舞裙,在科芬园跳舞……我喜欢伦敦,如果能够在此定居倒再好不过。"

这一次,奥黛丽师从玛丽·兰伯特。兰伯特是英国芭蕾的创始人之一,在全世界都享有盛誉。1954年,她获得了英国王室颁发的帝国勋章,1962年,又授封为帝国贵夫人。在以她名字命名的舞蹈学校里,培育过许多日后著名的芭蕾舞演员。在那里受教育的人，都曾领略过她别具一格的教学方式——严格得让人惧怕。体罚是家常便饭，但她又善于开启天赋，力求每一个学生都能发展出自己的风格。

有了盖斯凯尔的推荐，奥黛丽的入学面试一切顺利。1948年4月，她正式在兰伯特学校登记入学。这时，她的出境介绍信上，名字已经改成了"奥黛丽·赫本"。"已获悉，奥黛丽·赫本小姐是一位英国臣民，她已经做了一段时间的芭蕾舞学生，并将去英国的兰伯特芭蕾舞学校继续求学。"落款日期为1948年4月10日。

时年六十岁的兰伯特夫人对奥黛丽印象不错，她同情奥黛丽在战争中的遭遇，也欣赏这位新学生的勤奋和灵气。不久，兰伯特夫人就给奥黛丽提供了一份奖学金，还邀请奥黛丽到自己家中居住，可谓关照有加。

在兰伯特夫人的学校里，十九岁的奥黛丽比任何学生都用功，因为她希望用勤学苦练来弥补战争时期落下的课程，还有身高和年龄的不足。

有一位名叫罗纳·海德的校友，曾与奥黛丽一起在排练室上课。罗纳如此回忆对奥黛丽的印象："第一次见到她，就觉得她很迷人。她说她叫奥黛丽·赫本，来自荷兰……她的确很美，细长的脖颈，可爱的脸蛋，身材高挑，比学校里的女孩子看起来都要高一些。她有些瘦弱，眼睛却很亮，里面像是有无限的故事……我们知道她刚经历了战争，但无论经历了什么，跳舞都能让一个人坚强。她是我们学校里最坚强最用功的学生。"

为了减轻母亲的负担，奥黛丽利用课余时间在外兼职。做模特，拍广告，当售货员，给旅游公司整理资料……

在很多女孩子都忙着谈恋爱的时候，奥黛丽坦言自己没有一点儿这方面的想法，她不怕苦，不怕累，目标明确，心无旁骛，每天想方设法地去赚钱，为梦想和生活而努力。"我的原则就是不抱怨，即使筋疲力尽也不放弃。老师曾教导我，一切的努力都源自你内心的力量。"

但接下来发生的一件事彻底改变了奥黛丽的人生轨迹。

兰伯特夫人策划了一场世界级的巡演，巡演团由名师与优秀学生组成，他们将在最好的舞台上演绎最为经典的曲目。而当参演学生的名单公布时，奥黛丽却没有看到自己的名字。

那一刻，她失落极了，不明白老师为什么不选择自己。毕竟对每一个芭蕾舞者来说，能跟兰伯特同台演出，向世界展示自己的舞姿，都是梦寐以求的。

奥黛丽鼓起勇气去找兰伯特夫人，询问自己落选的原因。

结果正如桑妮雅·盖斯凯尔所惋惜的一样——她的身高，她的体质，以及她的年龄。

奥黛丽又问，如果自己愿意付出数倍的努力来提高技艺，还有没有机会成为芭蕾舞首席女演员，成为像玛戈特·芳婷一样的芭蕾明星。

兰伯特夫人的一番话彻底打碎了她的梦想："不能。奥黛丽，我不能欺骗你，无论怎样训练，你都不能成为首席演员。但只要你愿意，你可以留在我的学校里当一名老师，这样你的生活会更稳定。"

年轻的奥黛丽对老师的话深信不疑，她没有再去咨询别人的意见，她相信老师目光如炬，也相信天赋、勤奋、坚持，这些能让自己做到优秀，却始终无法达到极致。而她的竞争对手们，虽然同样经历了战争，但她们身处伦敦，一直可以维持正常的生活，也一直在接受正规的训练。

那个支撑她在战乱和饥饿中充满希望地活下去的擎天柱已经倒塌了，回到宿舍时，她甚至难过得想要自杀。但生活让她来不及伤感，她根本没有时间在痛苦中停留太久。

"亲爱的芭蕾梦想，再见了。"

战争偷走了奥黛丽的梦想。但梦想破碎了，生活还要继续。好在她还年轻，生命还有无数可能。经过一番深思熟虑后，她决定不再执迷不悟，而是尽快搬出兰伯特夫人的住所，去外面寻找更适合自己的领域。

从童年到青春期，她遭遇了一次又一次的打击，但她每一次都能在心灵的创痛中，培植出更坚韧的力量。她从不轻易放弃，但也懂得及时放下。

这一次，艾拉同样支持了女儿的做法，失去的已经不可逆转，与其退而求其次，将就一生，不如积聚能量，另辟蹊径，为自己打拼一个崭新的未来。

她就是一个行走的梦

可爱极了，她就像林中突然抬头望向你的小鹿。

"奥黛丽是我第一眼就看中的女孩，她向我款款走来，笑容阳光灿烂，让人如沐春风。我随即拿起电话，告诉合伙人不用再找了，因为她已经来了。果然，她聪明又富于灵气，活泼开朗又举止优雅，颇具贵族气质，我从未见过像她那样有魅力的女孩。确实，一点儿都不夸张，她，就是一个行走的梦。"——电影《荷兰七课》导演凡·德·林登回忆道。

1948年2月，在等待兰伯特学校正式开学之前，奥黛丽曾参与了《荷兰七课》的拍摄。

当时战后的荷兰皇家航空公司（KLM）急于推销自己，同时试图振兴荷兰旅游业，所以准备拍一部旅游纪录片形式的电影，到世界各地上映，拍摄地点为阿姆斯特丹。他们需要寻找一位会说荷兰语的少女当演员，要求相貌姣好，具备青春活力。得到这个消息后，急需用钱的奥黛丽很快返回荷兰,接受了那份临时工作。

在影片中,奥黛丽扮演一位空姐,向客人介绍荷兰的美丽风光,出镜时间不到一分钟。

奥黛丽很轻松,可以随时和导演兴致勃勃地谈论芭蕾舞。在她看来,那不过是一个为梦想铺路的过程。然而不承想,世事波谲云诡,多年过后,人们翻阅她的演艺履历,这部电影竟成了她银幕之路的第一个脚印,虽然痕迹浅,却也有着不可磨灭的意义。

1948年秋,奥黛丽搬出了兰伯特夫人的住所,开始与另外几名落选的女孩一起,寻找芭蕾之外的出路。

那段时间,她们拜访了一些制片人和经纪人,希望在音乐剧或电影中出演角色。如果注定不能成为芭蕾舞明星,那么做一位音乐剧演员或电影演员,在大银幕上发展,或许能成就另一番风景。

时隔数月,好消息传来。百老汇舞台音乐剧《高跟纽扣鞋》将在伦敦选拔演员,应征者多达三千人,最终入选名额却只有四十个,奥黛丽正是入选者之一。

尽管这并不是她心目中最理想的工作,却也意味着她接下来的一段时间不用再为生计发愁,每周不仅可以领到九英镑的薪酬,还有了在伦敦竞技场剧院演出的机会。

"只要有机会,我就会抓住。"所以无论是怎样的小角色,奥黛丽都会投入十二分的热忱。每次排练,她都是第一个到,最后一个离开。当然,勤奋练习的同时,她也在静静等待新的契机。

机会总是留给有准备的人。

从1948年12月到1949年5月,《高跟纽扣鞋》一剧共演出了二百九十一场,每一场都座无虚席,观众热情高涨,媒体好评如潮。音乐剧在伦敦完满谢幕后,剧团准备进行世界巡演,奥黛丽依旧在受邀者名单之中。不过此时,她已经不需要再去巡演了,一个更大更好的平台,已经向她伸出了橄榄枝。

著名歌舞剧制片人塞西尔·蓝道也观看了《高跟纽扣鞋》。他用自己独到精准的眼光发现了奥黛丽的魅力:"我看到一个可爱的女孩站在歌舞队里,在众多女演员中间,第二排左数第三个,那么多的人,没有谁可以遮蔽她的光芒。"

蓝道当即决定邀请奥黛丽来参演他的新剧《鞑靼酱》,而奥黛丽也爽快地签下新合约,由此正式进入舞台剧演艺界。

《鞑靼酱》是蓝道歌舞剧的代表作,由二十七幕短剧组成,舞蹈演员却只有五名。如此一来,奥黛丽便可以更多地展示自己,而且,蓝道在签约时向她承诺:"舞团中每个人都有单独发挥的机会。"奥黛丽得到了一人分饰数角的机会,有时是清纯的女学生,有时是活泼的女店员,有时又是一位老练的古典芭蕾演员。

别具一格的"赫本式"表演,让奥黛丽很快吸引了观众的目光。随着演出的进行,她受到的关注也越来越多。

她看起来并不性感,却比性感更让人心动,奔放的活力、少女的灵气与清新,一颦一笑都牵动着观众的视线,就算聚光灯总在别人身上,她也能用自己独特的魅力让观众着迷。

她并不是舞技最好的一个,有时甚至会出现小小的失误。但她总能用一些无伤大雅的小动作，来缓冲和化解紧张的气氛，比如调皮地吐吐舌头，或是眨眨眼睛。

"她是上帝赐予女孩的眼睛。"

"可爱极了，她就像林中突然抬头望向你的小鹿。"

——喜爱她的观众不吝赞美。

《鞑靼酱》的成功让蓝道更坚定了自己的看法，奥黛丽绝对是一颗值得打造的舞台新星。不久，蓝道开始带着奥黛丽去参加专业经纪人的聚会，又安排她和其他两名演员一起登上了《鞑靼酱》的宣传海报。不仅如此，他还给她涨了薪资，并定下她作为下一部新剧《开胃酱》的演员，准备给她一个更大的角色，期望未来可以更上一层楼。

这期间，十九岁的奥黛丽留下了一张在伦敦街头拍摄的照片，她和蓝道剧团的几位女演员在一起，意气风发。芭蕾梦想的幻灭，并未影响到她的心境，她的生活态度还是一如既往的乐观积极。

世界依然是世界。路在脚下，走下去，才知道哪一条更美。

除了参演音乐剧，奥黛丽还兼职了广告的拍摄。每天的工作忙碌而充实，她经常凌晨两点才回家，好在街上很安全，她觉得生活充满了乐趣。

安东尼·比彻姆是英国首相丘吉尔的女婿，也是奥黛丽最初的摄影师之一，他曾为她拍摄了《新面孔》的组照。尽管那时的奥黛丽还是"新面孔"，但后来大众对"赫本"风格的迷恋足以证明安东尼眼光的精准。

安东尼在《鞑靼酱》的舞台上发现了奥黛丽，并向她邀约拍摄，继而对其风格进行了定位——简约的黑色裙装，勾勒出修长的身形；短而齐整的刘海，衬托她略显忧愁的表情；谜一样的眼神，脆弱无助如婴儿，又清澈得仿佛从未被打败——"一个会走动的梦"。

那组照片，成了奥黛丽最满意的藏品之一，也让无数影迷为之心颤，无法忘怀……镜头定格了时间，让青春的美丽成为触手可及的永恒，而被上帝亲吻过的面孔，终有一天，会接受安抚众生的使命。

有一颗心为你怦动

我第一次体验到被陌生男士关爱的滋味,非常温暖,也让我心跳加速。

1950年4月,《鞑靼酱》尚未落幕,《开胃酱》就开始上演。

精明的蓝道深谙趁热打铁的道理。《开胃酱》延续了《鞑靼酱》轻松滑稽的风格,同样以短剧组成,而且风格大胆、针砭时弊。在蓝道的安排下,奥黛丽再次成为新剧的海报演员。

在剧中,她一人分饰数角,台词也增加了不少。于是观众看到的,不仅有穿着法国女佣服来回走动的可爱的"报幕员"奥黛丽;还有女扮男装戴着波乐帽与搭档跳舞,英气逼人的"绅士"奥黛丽;更有穿着金光闪闪的裙子,戴着长长的道具耳朵,为观众表演独舞的像香槟一样多泡又明亮的"香槟女郎"奥黛丽。

尽管与《开胃酱》中那些英国首席舞蹈演员相比,奥黛丽的勤恳务实并不能弥补她舞技上的不足,但观众似乎毫不介意,他们对奥黛丽表现出了一如既往的包容和喜爱："她的光芒，盖过舞台上的群星。"

继"女孩的眼睛"之后，奥黛丽又有了一个新的称呼——"香槟精灵"，用来形容她的表演风格——充满诱惑、浪漫的情调，勾勒出梦幻般的神秘感。

奥黛丽自身的明星风范也渐渐彰显。

得益于多次拍摄广告的经验，她已经懂得如何在镜头面前更好地呈现自己的特色，说话的方式、眼神的流露、动作的幅度……都让她显得清新脱俗，楚楚动人。

一位曾拍摄过费雯·丽和葛丽泰·嘉宝等明星的摄影师说道："那时的奥黛丽·赫本就像一股清泉，让人眼前一亮，她的光芒，丝毫不输给好莱坞的巨星……"

这时已经有不少观众给奥黛丽送花了。有人会趁机表达爱意，也有人提出过共进晚餐的邀请。

为此也引起了蓝道剧团中个别女演员的不快，其言语中明显带着嫉妒的成分："真搞不懂，我有着舞台上最大的胸部，可为何观众总要盯着她看？"

而对于奥黛丽来说，能受到观众的喜爱，她觉得很荣幸，但从小所受的家教告诉她，应该对来自外界的热情时刻保持冷静的头脑和优雅的态度。

不过，她还是保留了有生之年收到的第一封粉丝信件，也是演艺生涯中唯一的一封：

亲爱的奥黛丽·赫本：

　　我看到你昨晚在《开胃酱》中的表演，认为你真是棒极了，我希望我是个富有的人，而不是屠夫的助手。但是，我觉得我问一句"你可以送一张照片给我保留吗"的话，你是会原谅我的。

至于奥黛丽有没有送一张照片给这位粉丝，已经无从知晓，可以肯定的是，她没有生气。在她看来，这是一封对她具有私人意义的信件，它提醒她以及她以后的职业生涯——"不要让喜爱你的人失望"。

奥黛丽的身边也不乏爱慕者。

《开胃酱》剧团中有一个年轻的法国钢琴手，名叫马塞尔·勒庞，他长相英俊，颇有音乐才华，很会讨女孩子的欢心。将"香槟精灵"奥黛丽当成自己的爱情目标后，勒庞每天都会送一束玫瑰花到化装间，里面有时夹一张字条："有一个人的心为你悸动，你的笑容有玫瑰的色泽。"有时则放巧克力，算是投其所好。在排练中，他更是对奥黛丽嘘寒问暖，呵护备至。

从未体验过爱情的奥黛丽，在不到两个月的时间里，就被勒庞的情场攻势俘获了芳心。她说："我第一次体验到被陌生男士关爱的滋味，非常温暖，也让我心跳加速。"

勒庞成了奥黛丽的第一任男朋友，他们的感情在忙碌的工作中秘密升温。在他们交往后不久，传出了"香槟精灵"奥黛丽即将结婚的消息，这个消息让蓝道大为恼火。

在一次排练中，他突然脸色铁青地出现，拿着合约质问两位当事人,为何无视契约精神:"你们知不知道这意味着什么?你们根本不顾剧团的声誉!"

勒庞吓坏了,一声不吭地等候发落。奥黛丽则拿着合约,不无委屈地辩驳道:"可是蓝道先生,契约规定'不许结婚',并未规定'不许恋爱'。"

但蓝道不会就此妥协。

他之所以勃然大怒,其实是因为担心自己的音乐剧会受到舆论的影响——他一直推崇的理念,就是剧团成员之间应该保持清清白白的关系,如果一旦有知名的演员结婚,音乐剧本身的风头就会被抢走。他绝对不会允许类似的事情发生。而对于颇具观众缘的奥黛丽,他并不想急着开除,充当钢琴手的勒庞,他自然有能力让其马上离开。

1950年夏,蓝道聚集了剧团里重要的演员,开始创作一个《开胃酱》的精简版本《夏之夜》,演出场地则从剧场搬到了知名俱乐部。他安排奥黛丽参演了这部新剧,同时给了她更多的戏份。

一切如他所愿,踏实的奥黛丽工作越来越多,经常要排练到凌晨两三点,所以,忙碌的奥黛丽根本无暇谈恋爱。等到她发现勒庞好些天都没有出现在剧团时,才得知那个可怜的年轻人已经被蓝道悄悄解雇。

没有人知道蓝道用了什么方法,总之勒庞再也没有来找过她。她只是从其他演员那里听说他已经在别的城市另谋发展,并且很快另结新欢。

第一次品尝爱情又失去爱情的奥黛丽难免伤心了一场。但在多年后，历经感情的波澜，再回忆起初恋，奥黛丽坦言一切犹如水月镜花，经不起现实的推敲，所以才一触即碎。

"我想，我对勒庞的感激之情，应该多于爱恋之意。"

"虽然很难过，但根本没有时间好好伤心。"

确实，她实在太忙了。

当时她的母亲已经失业，生活的重担都压在了她的身上。她必须全力以赴地赚钱养家，发展事业。而音乐剧，不仅是她梦想的另一条出路，也将成为她走向大银幕的引渡之桥。

自由是拥有，也是拒绝

她只能摸着石头过河，每一步都认真摸索，谨慎对待。

不可否认，《开胃酱》算不上一部成功的音乐剧，但它对奥黛丽此后的演艺生涯却有着推波助澜的意义。该剧不仅让她获得了观众的喜爱，更引来了各界人士的关注，其中就包括时尚杂志的主编和电影导演。这期间，她抽空拍摄了不少时尚照，并被《电影》周刊选为封面女郎。除此之外，她还收到了在电影中担任小角色的试镜邀请。

奥黛丽决定学习表演课程，好在发展事业时多一点儿专业保障。

尽管她曾经有过银幕体验，但那时芭蕾梦想坚如磐石，一切梦想之外的事情，都可以轻松应付。如今面对生活的重压、充满变数的前程，她只能摸着石头过河，每一步都认真摸索，谨慎对待。

奥黛丽的表演课老师是英国知名演员菲利克斯·埃尔默。在埃尔默门下，奥黛丽受益良多，经过一系列的提点与实践，她迅速领悟了表演的门道，即在镜头前如何运用自己的言行举止，让内心和场景达到默契的配合，包括眼神的精准和细腻，措辞的抑扬和顿挫。她也开始练习纯正的英语发音，以纠正自己过于平淡柔弱的音调。

埃尔默对提携后辈的事一向很热心，他对影星费雯·丽和查尔斯·劳顿的事业都曾有过帮助。这位时年六十岁的老绅士对奥黛丽同样眷顾，他评价奥黛丽："她是一位很有特色的学生，勤奋好学，态度真诚。面对镜头的自然状态，就是她的魅力。"

一段时间后，埃尔默利用自己在演艺圈中的人脉，为他的得意门生谋得了一个试镜的机会。

奥黛丽试镜的电影是好莱坞宗教史诗剧《暴君焚城录》，导演对她的表现很满意，但制片方最终还是选择了影星黛博拉·寇儿，他们觉得不应该冒险起用一个初出茅庐的新人。

和之前的几次试镜一样，奥黛丽依旧输在了名气上。没有名气，容易陷入恶性循环。因为如果不饰演主角，那么永远都是配角。就像马太效应：有机会的人将拥有越来越多的机会；没有机会的人，得到的机会将越来越少。

奥黛丽最初的从影之路并不顺利，但显然，她已经将发展电影事业当成了新的理想。她知道，单靠表演音乐剧和兼职模特赚取的薪水，还不足以让母亲拥有安定美好的生活。她认定的事情，纵然艰难，也会坚持下去。

《野燕麦》是奥黛丽继《荷兰七课》出演的第二部电影，她饰演一家酒店的前台服务员，性格活泼，热衷打扮，对着电话筒大声地说话。不过她在里面的台词只有一句，出镜时间也仅有几十秒。这部只在英国上映的电影，没能让观众对奥黛丽留下什么印象。

不久，奥黛丽主动找到了电影导演马里奥·赞皮，希望自己能参演他导演的《天堂里的笑声》，如果可能的话，最好是女主角。一个名作家临终前立下遗嘱，受益者们在获得继承权前，必须亲自完成一项不寻常的任务——奥黛丽对这个剧情很感兴趣。

赞皮也曾观看过《开胃酱》，对于奥黛丽的主动到访，他感到非常惊喜，他认为奥黛丽在舞台上的表演风格，肯定能为影片增色。但遗憾的是，当时《天堂里的笑声》的女主角已经签约了，他只能给奥黛丽在影片中临时增加一个角色，于是我们就看到了电影中一个甜美可人的卖烟女孩："你好，先生，要香烟吗？"

1951年1月，赞皮在《电影》周刊中谈到自己的新剧时如此评价奥黛丽："她在《天堂里的笑声》里只有一句台词，但她的银幕形象已经让观众过目不忘，这是她独特的魅力……她迟早会成为一个大明星，让我们拭目以待。"该片于同年6月上映，片首终于提到了奥黛丽·赫本的名字。

接下来，奥黛丽又参演了伊林喜剧片《薰衣草山的暴徒》。这部电影在1951年获得了英国电影学院的年度最佳英国片奖，导演对奥黛丽的表演很满意，称赞她为"迷人的小鹿"。

在电影中，她饰演的是男主角的漂亮情人，一个叫奇姬塔的女孩，但还是只有一句台词——当她出现在一家高档餐厅时，男主角忍不住立刻呼唤她："噢，奇姬塔，奇姬塔，你这个小公主，你先去给自己买些其他的生日礼物。"接过一沓钞票后，她娇媚地献上一吻："噢，亲爱的，谢谢你。"靓丽的身影转瞬消失在观众的视线中。

《少妇轶事》是奥黛丽与联英影业签约后参演的一部爱情滑稽片，讲述战后的几对英国夫妇合租的故事。奥黛丽在片中饰演一个单身的打字员，有七个场景的戏份，但那是个不太讨巧的角色，有些神经质，整天疑心有人要加害她。而且，在电影拍摄的过程中，她和导演亨利·卡斯相处得不是很好。

"不知道为什么，他总是挑我的毛病，把我批评得一无是处，片场的其他演员都对我很好，可是只要有导演在，气氛就会变得很紧张……那是我拍片以来唯一一次不愉快的经历。"奥黛丽回忆说，"但那时参演什么电影，饰演什么角色，我没有选择的自由。"

如果生活不能选择，那就必须迎难而上。好在当时奥黛丽的片酬已经达到了两千英镑以上，她的努力和坚忍都没有白费，在生活有了很大改观的同时，更多的机遇也在一步一步向她走来。

1951年2月，奥黛丽得到了一个新的试镜机会。已经和奥黛丽成为朋友的赞皮告诉她，只要试镜成功，她就能在政治惊悚片《双姝艳》中出演女主角的妹妹，不仅可以与欧洲知名影星同台，还能在两个场景中表演芭蕾。事实证明，这部影片的确成了她演艺生涯中的一个重要转机。

作为赞皮的朋友，也是《开胃酱》的观众，《双姝艳》的导演梭罗德·狄金森对奥黛丽的试镜表现非常满意。奥黛丽试跳了一段芭蕾舞，专业又优雅的动作让她在众多候选人中脱颖而出。而在表演对话中，她自然活泼的语句以及天真无邪的眼神，再一次打动了在场的工作人员。当天狄金森就宣布:"奥黛丽·赫本是我们的不二选择。"事后,他回忆起奥黛丽在剧中的表演,又说:"她很有活力,是一个有抱负的人,她把自己跳舞的才能和决心全都用到了演艺事业上。"

就这样,最终由奥黛丽出演《双姝艳》中的妹妹诺拉。她的名字在是年2月26日正式被写进该电影的拍摄日志。影片讲述居住在战后英国的欧洲难民玛利亚和诺拉,要去刺杀巴尔干半岛的一个独裁者,对方正是杀害她们父亲的凶手,而她们也因此陷入种种阴谋……

试镜很顺利,但拍摄的过程并没有想象的那么轻松。

首先是跳舞的镜头,必须一遍又一遍地排练拍摄,确保达到最佳效果。早春的天气阴冷刺骨,陈旧的剧院里没有暖气,奥黛丽穿着轻薄的舞蹈服装,冻得浑身起鸡皮疙瘩,肌肉隐隐作痛。每拍完一个镜头,她都会迅速跑到更衣室去烤一下电炉,但是很快,下一个镜头的音乐又响了起来……

其次是内心戏,奥黛丽最初的表现无法做到让狄金森百分之百满意。有一个镜头是炸弹引爆后导致了一个无辜的人身亡,诺拉需要表现出"太可怕了"的那种恐惧心理。后来,狄金森只好引导奥黛丽,让她回忆战争时经历过的事情。"不要想台词,纯粹的感情会帮助你融入戏中。"狄金森说完,奥黛丽独自走到了片场的角落,静静地酝酿了几分钟。惨痛的回忆席卷而来,她恐惧的情绪全都被唤醒了,举止言行一步到位,整个镜头拍下来,堪称完美。如此,她学会了如何适当地运用自己的生活经历,让表演达到最佳的效果——毫不做作、自然流露的同时,又饱含深度。

然而奥黛丽日后却回忆说，自己在《双姝艳》中获得的"最大的财富"，或者说"最好的建议"，并不是从狄金森的点拨中学到的表演技巧，也不是上映后"美貌和演技的高度融合"的外界评价，而是来自一位资深演员的肺腑之言。

在影片中饰演姐姐一角的演员叫瓦伦蒂娜·格特斯，她和奥黛丽在拍摄过程中建立了深厚的感情。她很照顾奥黛丽，不仅愿意无私地分享演技，还愿意对这位年轻的演员倾诉心事，畅谈作为公众人物应该如何应对错综复杂的人际关系。

"如果一个女演员深受大众的喜爱，那么她的演技和人品都会得到认可。这是让人感动的事情。但是作为演员，我们也有自己的生活。而在好莱坞，这样的事就会变得可怕，他们希望你最好成为他们的奴隶，为他们工作，为他们做任何事情。所以，在签长期合约之前，你必须考虑清楚，自己想要的是什么。你要知道，自由才是这个世界上最美好的事。"

格特斯的一番话，让奥黛丽终生铭记，即使后来演艺事业如日中天，她也时刻与好莱坞保持着距离。

离开《双姝艳》剧组一周后，奥黛丽接到了联英影业的通知，为《画刊》杂志拍摄一组照片。拍摄地点安排在萨塞克斯郡的乡间。在镜头前，奥黛丽先要按照指示给池塘里的小鸭子喂食，然后是光着双脚划船，在山路上欢快地漫步。

各种采访也随之而来。报纸上对她的称呼是"银幕新秀奥黛丽·赫本"。奥黛丽有些不知所措，她对朋友吐露了担忧："这个时候，过多的关注会让我不安。我宁愿等到有真正的银幕作品出现的时候,而不是现在,只有一些微不足道的角色。我不想看到观众出现从喜爱到厌倦的落差。"

她很清醒。能看清周围的环境,更能看清自己的位置,所以才不会在虚荣与欲念中迷失。"你要知道,自由才是这个世界上最美好的事。"她没想到自己这么快就体会到了格特斯所说的"身不由己"。

自由是拥有,也是拒绝。

但合约在身,她只能继续前行。现实在告诉她,一个人只有让自己变得更强大、更优秀,有了足够的实力,才能去选择自由,拥抱美好。

第四章
一片树林里分出两条路

听从你的直觉,那是你内心的旨意。如果直觉是对的,那么它就是对的。

——法国影星 马塞尔·达里奥

选择决定人生，差之毫厘，则失之千里。

当百老汇的橄榄枝向奥黛丽·赫本伸来时，她选择通往美国的冒险之路。这一次的选择让她成为百老汇光彩夺目的新星，也间接将她推上了好莱坞的璀璨星途。她一步一步向前走着，清醒而坚定。

只是有一天，当她独自穿越幽暗，蓦然回首时才发现，一路走了这么远，伴随鲜花与荆棘、掌声与眼泪，那个她最想与之分享的人，却没有站在她的身边。

春风沉醉的爱情

我相信粉色的力量。我相信亲吻，相信经常亲吻的力量。

人的一生，可能会遇见很多的人，得到很多的爱，通常最先爱上的那一个，并不是最终相守的那一个。即便这样，我们还是会在下一次遇见时义无反顾，要与一个人恩爱不渝，相守到老。

本着爱的初心，我们遍尝甜蜜与苦涩，历尽欢喜与悲切。在爱的海洋中几经沉浮，终于遇到了最合适的那一个，才明白爱是如人饮水，冷暖自知，爱也是只为过程，莫问目的。所有的山盟海誓，都是为了把你从这个渡口，送到那个彼岸，送到最好的爱情身边。

而回顾奥黛丽一生中爱情的源头，那个对她一见倾心、想要与她共度余生的人，并不是第一任男朋友勒庞。

诚然，在她忙于生计的青春时光里，勒庞的出现，带给过她心动的感觉和浪漫的情愫，但那一抹稀薄的暖色，还未来得及深切品味，就迫不及待地变质了。以至于后来的记忆，都会不由自主地隐去与他相关的部分，换来一句"往事而已，不提也罢。"

另一个人，则不同。他曾说"奥黛丽是他最爱的女人"，她也曾非他不嫁。

她为他爱过，为他痛过，但她从不后悔与他相遇过。不管在内心深处还是面对外界，她都愿意把他当成自己的第一任恋人。直到暮年她还记得，他们初相遇时夜色沉醉，令人忘忧，空气中满是春风拂过的温软……

1951年3月，一个春风沉醉的晚上，联英影业在伦敦最华丽的夜总会举办了一场鸡尾酒宴，出席者包括影星、经纪人、制片人、社会名流和商界精英。

二十八岁的吉米·汉森身高193厘米，相貌堂堂，谦和有礼，当他举起一杯鸡尾酒微笑着向年轻的奥黛丽走来时，仿佛全身都笼罩着光芒。那天晚上，他们聊得很愉快，从他在狩猎场的轶事谈到她新拍的广告，他很风趣，也很健谈，而她刚好都喜欢。

和所有爱情故事的开头一样，酒不醉人人自醉，宴会散场时两人都有些依依不舍。汉森主动送奥黛丽回家，并邀请她在第二天共进午餐。翌日中午，奥黛丽欣然赴约，当她走出家门时，刚好看见汉森的车门为她打开。那一刹那，她知道自己的爱情因缘就此铺开了。

奥黛丽不知道，她眼前的男士拥有数千万英镑的身家。他的家族在约克郡经营货车运输业，他本人则在战争时期担任过爆破团的指挥官。

对于出身贵族的奥黛丽来说，汉森家庭背景富裕与否，她并不在意。真正让她感兴趣或者说让她爱上这位富家公子的，是他的个人经历——"二战"时期的盟军指挥官，她将他视为当初的自由拯救者之一，她对他的爱意，在很长一段时间里，都怀有感恩式的心动。而且，在汉森那里，她得到了从未有过的父兄般的宠爱和安全感，而那种安全感，正是她从小就强烈渴望却又无法获得的。

至于汉森对奥黛丽的感情，或许一开始正如外界传言的那样——他不过是个臭名昭著的花花公子，深谙追求女人的各种手段，相比经营产业，他经营情事更为得心应手。狩猎场、游艇、宴会，都是他钟爱的猎艳场所，艾娃·加德纳、简·西蒙斯和琼·柯林斯，这些影星都曾是他的女友。这一次，他也只是把奥黛丽当成新的猎艳目标，一旦没有了新鲜感，就会一拍两散。

但事实上，随着时间的推移和交往的深入，他对奥黛丽的感情，已经发展成了"虔诚的认真的爱"，因为奥黛丽不同于他交往过的任何一个女性，她真诚自然、美丽可爱，最可贵的是，她无论在公众面前，还是在私下，都能保持自然不虚伪。

他们的恋情在那个春天甜蜜地发展着。这一次，就连奥黛丽的母亲也同意了他们的交往，没有人比她更希望看到奥黛丽幸福。

当时，奥黛丽演艺事业的前景还不是特别明朗，工作上也有许多不顺心，但艾拉还是从女儿脸上发现了那道藏不住的爱情的光芒，让她看起来更加青春洋溢。

的确，汉森家境富裕，事业稳定，刚好可以做奥黛丽的坚实后盾。而且爱情和事业也并不冲突，只要安排妥当，还可以相辅相成。

但当奥黛丽收到通知,即将赶往法国拍摄新剧时,汉森的表现却让艾拉心里生出了一丝半缕的隐忧——汉森单方面向媒体表示,奥黛丽一年只能接一部电影或一台戏剧,他有足够的能力让她过得舒适,而她剩下的时间,可以用来好好享受恋爱。

艾拉不禁担心起女儿深深依恋的男朋友会太过"专制",而沉浸在爱情中的奥黛丽,对母亲的担心自然浑然不觉。

是年5月,奥黛丽在汉森的陪伴下度过了她的二十二岁生日。鲜花、巧克力、香水、恋人的吻,一切浪漫得恰到好处,奥黛丽感动不已。一直到5月末,她才恋恋不舍地与男友分开,匆忙前往法国南部海岸线拍摄一部叫《蒙特卡洛宝贝》的喜剧片。在《蒙特卡洛宝贝》中,奥黛丽扮演一位丢失了婴儿的电影女明星,依然是配角。

制片方看中的是奥黛丽的明星气质和娴熟的法语,而她慰藉自己相思之苦的理由则是:可以收藏电影中穿过的迪奥礼服,还可以尽情地品尝当地的美食,以及陪同母亲去法国蔚蓝海岸散散心——作为体贴的女儿,她知悉母亲的每一个心愿。她们困顿了太久,母亲都好些年没有出门游玩过了。

"我进入影坛的初衷并非出于对演艺圈的美好憧憬,而是为了让母亲过上更好的生活。因此当我获得机遇时,我都会心存感激地接受。但是机遇并不会如影相随,所以当它到来时,我必须抓住它。"

只是当时的奥黛丽还不知道,正是这一次蒙特卡洛之行,成为她走向百老汇舞台最直接的跳板。一个让她的人生翻开新篇章的机遇正虚位以待,一个属于奥黛丽·赫本的时代也随之到来。

一片树林里分出两条路

一片树林里分出两条路,而我选择了人迹更少的一条,从此决定了我一生的道路。——美国诗人罗伯特·弗罗斯特《未选择的路》

晚年时的奥黛丽曾向后辈讲述自己的演艺生涯,谈到"伯乐"这一话题时,她毫不犹豫地说:"我的伯乐是科莱特夫人。她是发现我的人,也是赏识我的人,她预言了我的未来,也改变了我的未来。"

科莱特夫人,全名西多妮·加布里埃尔·科莱特,被誉为法国国宝级女作家。她是一位传奇人物,一生率性而为,追求自由,反叛传统,经历过绚丽多姿的生活,有过无数的情人,在饱受争议的同时,又享有极致的荣耀。

她们的相遇,发生在 1951 年 5 月末。这时,奥黛丽正在法国的蔚蓝海岸拍摄《蒙特卡洛宝贝》,而科莱特夫人,也正在寻找即将搬上百老汇舞台的新剧《金粉世界》的女主角——在此之前,她已经和丈夫一起寻找了几个月,包括公园、街道、度假区、百货商店……这一次，她来到了蔚蓝海岸。

《金粉世界》改编自科莱特夫人1945年出版的小说《琪琪》，这是她最为钟爱的作品。小说中，琪琪是一个巴黎女孩，被外祖母和姨妈抚养长大。作为两个不同时代的交际花，琪琪的外祖母和姨妈从小就对她的吃穿住行进行精心调教，希望她能够钓到真正的金龟婿，从此嫁入豪门，跻身上流社会，改变整个人生。但琪琪对这一切都不以为然。这个早熟的小萝莉不仅长得清纯美丽，心性更是自由不羁。然而她可以抵御欲望，却无法逃脱爱情。冥冥之中，命运之手还是将她推向了豪门，她最终答应了那个富豪的求婚。当然，对于琪琪来说，爱情才是最好的收获，至于豪门，那不过是爱情的附赠。

1951年，《金粉世界》的舞台剧本由著名制片人吉尔伯特·米勒接手制作。据说米勒请了全百老汇的女星来试演，都没有找到让科莱特夫人满意的琪琪。于是时年七十八岁的科莱特夫人决定自己寻找琪琪，而就在她来到蔚蓝海岸的前几天，迫不及待要将该剧搬上舞台的米勒，还曾委婉地提醒过她，如果琪琪再不出现，就应该按照合约上的约定，由他来指定演员。

幸而奥黛丽及时出现了，可谓天时地利人和。

这一天，奥黛丽正在沙滩上拍摄，她穿着一件黑色连体泳衣，让她瘦弱的身材看起来像一个没有发育好的少女。而她的脸庞又是那样明亮动人，眼神中还带着小男孩似的率性和纯真。

科莱特夫人坐在不远处的轮椅上，她的丈夫站在她身后微微地打着盹，显然，那位老先生已经放弃了寻找，他更不会注意到妻子眼中惊喜的光芒。

科莱特夫人继续观察着这个女孩，寂静的蓝天下，阳光和海风把她的倩影勾勒得愈发美丽。从沙滩到巴黎酒店的大厅，科莱特夫人一直追随着女孩的身影。夕阳西下，女孩回到酒店休息，步伐轻盈像一只林间的小鹿。当她穿过大厅时，钢琴声勾起了她的兴致，她站在旁边倾听良久，一曲终了，她调皮地向钢琴师请求，可否让自己即兴演奏一曲。在她晨曦一般的笑容面前，钢琴师欣然让座，转瞬间，清脆愉悦的琴音就流泻了整个大厅，在场的所有人无不陶醉……

科莱特夫人终于忍不住兴奋地喊道："她就是我的琪琪！"

科莱特夫人立即让丈夫拍电报给米勒："先别指定琪琪，等我消息。"当天晚上，她就前往剧组探问到女孩的信息——她叫奥黛丽·赫本，出生于比利时的英国籍女孩，经历过"二战"，联英影业的签约演员。

她回过头对丈夫说："亲爱的听见没？奥黛丽·赫本，噢，跟凯瑟琳·赫本的姓一样，我有预感，不久的将来，演艺界将出现两个赫本，两位家喻户晓的明星。"

次日，科莱特夫人再次到达片场，她想亲自邀请奥黛丽去她的套房详谈。当奥黛丽得知这位满头银发、目光锐利的老太太就是著名的作家科莱特夫人时，激动不已。而当她听到科莱特夫人问她是否愿意出演其新剧的女主角时，又不禁受宠若惊，感觉就像是在做梦，双脚踩在了云朵上。但开心之余，她也怕自己无法胜任。

奥黛丽向科莱特夫人诚实地说出了自己的担忧："可是，我没有舞台经验,之前虽然演出过音乐剧,却没有太多台词。"

科莱特夫人自信地一笑:"你应该相信你努力的决心。或者,你应该相信我的眼光,我不会看错人。"然后老太太又送给奥黛丽一本《琪琪》,"希望你喜欢琪琪这个角色。"

奥黛丽打开书页,发现里面写着一句颇有深意的话:"致奥黛丽·赫本——耐心等待是最好的宝藏,坚守你的理想。"

同时,科莱特夫人让丈夫写信给米勒:"我们已经找到了琪琪,是一位在蒙特卡洛拍片的英国年轻女演员。也希望你在没有看到她之前,不要急着指定琪琪的人选,虽然她缺乏舞台经验,但她足够漂亮,而且有符合这个角色的顽皮特质,这很难得。"

1951年7月,完成拍摄任务的奥黛丽带着复杂的心情返回伦敦。女男爵一直陪伴着奥黛丽,她很支持女儿即将到来的新工作,并安慰道:"别担心,你应该相信科莱特夫人,你可以学习,也可以做到。"

但这时奥黛丽更期待的,或许是恋人的鼓励。一回到伦敦,奥黛丽就马不停蹄地赶到汉森身边,她迫切地想要和他分享蔚蓝海岸的"奇遇",并真诚地希望这位带给她父兄般安全感的男士,能通过爱情的力量,给她一颗"定心丸"。

然而汉森并不希望奥黛丽去美国发展她的事业,他想把奥黛丽留在伦敦,娶她为妻,就此安定下来。奥黛丽虽然确实想要嫁给汉森,但她也同样想去美国,机会来之不易,她不想错失。对于汉森的想法,她心底难免有些失望,"当我知道唯一反对我去美国的人就是我想嫁的人时,觉得太不可思议了……"这种失望,又渐渐和焦虑混杂在一起,甚至影响了她接下来的试演。

回到伦敦两个星期后,奥黛丽见到了来自《金粉世界》剧组的两个决策人物:制片人米勒和编剧安妮塔·卢斯。他们从纽约来到伦敦,准备对科莱特夫人发现的琪琪进行最后的审核。初次见面,他们就被眼前的"琪琪"吸引了。身为编剧和著名作家的安妮塔阅人无数,早就练就了一双火眼金睛,当奥黛丽穿着一件简单的白衬衣出现在她面前时,她承认自己顷刻就被奥黛丽身上的气质打动了:"她身上有可贵的孩子气,在她的美貌之外,这让她看起来更加光彩熠熠。"

面试顺利通过,但他们还需要对奥黛丽进行一项程序上的考核——舞台试演。在伦敦大剧院,奥黛丽试着念了一段琪琪的台词,表现却不尽如人意。她看起来很紧张,声音很小,缺乏深刻的感情。

好在米勒和安妮塔都认为她的表现瑕不掩瑜,也一致决定由她出演琪琪。奥黛丽的确缺乏舞台经验,然而舞台经验尚能弥补,人物气质却不可多得,他们很愿意给她这次机会。

奥黛丽获得了出演戏剧女主角的机会,趁着米勒和联英影业洽谈"出借演员"的合同之际,她也正好可以暂时放松一下紧绷的神经。

她并没有选择去和汉森在一起,而是把自己关在房间里,安静地抽烟。从参演舞台剧起,她就有了抽烟的习惯。"金叶"香烟的气味能让她享受到心灵深处的自由。

"听从你的直觉,那是你心灵深处的旨意。如果直觉是对的,那么它就是对的。"这句话是法国演员马塞尔·达里奥对奥黛丽说的。那么此时此刻,她的直觉,或者说心灵深处的旨意,是什么呢?

"我觉得我应该相信科莱特夫人的话,即便不信任自己,我也相信她。"她相信科莱特夫人,而且,在她的潜意识里,她必须承认自己想去美国发展的事实,正如她很希望在事情的表面上能和汉森的意见保持一致。这将是一次激动人心的冒险,不仅能够改善她的经济状况,也将让她的人生更自信。

接下来,一切听从心灵深处的旨意,她需要为纽约之行做准备了。即将踏上人生新的征程,前路迢迢,蕴含无限可能,但愿所有的汗水都掷地有声,不负初衷。

百老汇的可爱精灵

无论发生什么,你都要保持冷静。冷静是良药,能救赎自己,更能帮助别人。

1951年10月初,奥黛丽带着梦想独自启程前往美国。日升月落,客轮航行在浩瀚的海面上,远处独岛沉默,偶有鸥鸟停驻于甲板,这一次寂寞劳顿的航程,长达二十天。风雨如晦的深秋,站在舷窗边,望着茫茫无际的大海,年轻的女孩有时会想起母亲跟她提及的久远往事。

那时,她尚在母亲腹中,从英国海岸开往欧陆的客轮突然遭遇了强烈的暴风雨,船只如同受惊的野马,在巨浪滔天的海面上起伏摇摆,乘客们全都惊慌失措地躲进了船舱。有一个在甲板上嬉闹的小男孩却对危险浑然不知,一阵狂风袭来,船身猛烈倾斜,他眼看就要跌落到海里,而他的母亲,只能站在远处尖叫,吓得浑身瘫软……惊魂一刻,是怀着身孕的母亲用一根手杖勾住了小男孩的衣领,用她的冷静救了小男孩一命。

"无论发生什么,你都要保持冷静。冷静是良药,能救赎自己,更能帮助别人。"

奥黛丽再次想起母亲的话,不由得感叹,她此时最需要的莫过于冷静——从初试银幕到坠入爱河,从出征百老汇到试镜好莱坞(去往纽约之前,奥黛丽已经与美国派拉蒙公司签下了《罗马假日》的出演合约),这一年的种种"奇遇",让她忐忑不安。

客轮抵达曼哈顿港口时已经是十月底。气温很低,寒风刺骨,但恢宏静美的纽约天际线依然让人热血沸腾。破晓时分,薄雾悬浮于空气中,城市如深谷倒映天穹,自由女神像的光辉照耀着这个世界……奥黛丽明显感觉到了一种与伦敦不一样的氛围。

来码头迎接奥黛丽的是两位男士。一位是制片人米勒的助手,另一位则是即将为她拍摄《金粉世界》剧照的摄影师理查德·埃夫登。埃夫登是第一次见到奥黛丽,他当即惊叹:"真是一位娇柔美丽的小姐!"但再次见到奥黛丽的制片人米勒可不这样认为,他大声惊呼道,"天哪,我的'小精灵'哪里去了?为什么站在我面前的是一个'大肉球'!"

米勒的形容显然太过夸张,但奥黛丽的体重确实陡增了十几磅。面对米勒的质问,她不得不像个犯了错的孩子一样承认,在船上的那段日子,她每天都在暴饮暴食,尤其是贪吃了过多的巧克力:"我总是觉得饿,食物能让我变得安心,我更迷恋巧克力的味道。"

米勒只能对奥黛丽进行魔鬼式减肥训练,希望尽快恢复她之前纤美紧致的身材。他严格控制了她的饮食，每餐安排餐厅给她做一份蔬菜沙拉，让她暂时戒掉了巧克力。加上高强度的排练和运动，减肥的效果非常明显——只过了十天，奥黛丽就成功瘦回了九十斤。而这次减肥，也成了她人生中唯一一次瘦身经历，此后的几十年，她都没有再长胖过。

在帮奥黛丽解决身材问题的同时，她匮乏的舞台经验和纤弱的发声习惯也是让米勒头疼的事情。《金粉世界》的导演雷蒙·胡勒是一个完美主义者，奥黛丽的舞台表现让他很不满意，他认为奥黛丽说台词时毫无感情色彩，对角色的演绎也不到位，他甚至哀叹道，是奥黛丽让自己降低了对《金粉世界》整部剧的期待。经过几天排练后，奥黛丽还是没能表现出足够的天赋，这让米勒产生了疑虑，他不止一次开除过奥黛丽，只是因为来不及找新人，最终不得不请她回来继续接着演。

这一切，让奥黛丽的自信心受到了打击。有时候她甚至感觉，自己除了法语流利外一无是处。而在亲眼见到一次酒店的自杀事件后，她还患上了失眠症。那天夜里，她正站在窗边练习台词，突然有位客人从顶楼跳下，身体从她窗前经过，落地身亡。那件事吓到了她，又加上一直得不到制片人和导演的认可，她的精神高度紧张，严重缺乏自信，处于精神崩溃的边缘，整个人看起来焦虑又憔悴，状态跌落至冰点。

幸好，在《金粉世界》中饰演姨妈的凯瑟琳·奈斯比特是一位善良又经验丰富的女演员。在米勒的托付下，奥黛丽开始跟着她勤学苦练。从奈斯比特家花园里的学习到舞台上的排练，再到住宿的酒店房间里的反复练习，奥黛丽不敢有半分懈怠。

奥黛丽的嗓音有着轻柔优美的特色，但在音乐剧舞台上，这种特色就变成了缺点。为了调控嗓音和扩大音域，在奈斯比特的陪伴下，奥黛丽在花园中学习如何用高低不同的音调说话，从喃喃细语一直到大声呐喊，一直到奈斯比特认为可以接受为止。而对于人物性格的感悟技巧，奈斯比特更是倾囊相授，还教她如何在舞台上行云流水地表演和诠释。

好在命运不会辜负一个有天赋又有诚意的人。11月初，《金粉世界》在费城核桃街剧院进行试演，奥黛丽的全力以赴，终于有了结果。在观众眼中，奥黛丽流露出来的不安感反而让她看起来谦逊、亲切，让人耳目一新。散场后，在观众热烈的掌声中，奥黛丽紧紧地拥抱着奈斯比特，由衷感谢她的无私帮助，"如果没有您的帮助，我可能早就崩溃了！"奈斯比特则一如既往地鼓励她："亲爱的，你的表现非常好，不过……你应该更自信一些。"

两周的试演好评，让奥黛丽重拾了一些自信，也让她的表演越来越成熟。11月24日，《金粉世界》正式首演。之前媒体的造势已经铺天盖地，印着奥黛丽剧照的海报也贴满了大街小巷。

在纽约最豪华的富尔顿剧院，观众围得水泄不通，大家都在翘首等待这一部百老汇剧作大幕的开启，以及一睹新秀女主角的舞台风采。剧院之外，巨大的霓虹广告通宵闪烁，流光照亮长街，"GIGI"下方，第一主演的名字正在闪闪发光——"AUDREY HEPBURN"。

有人说奥黛丽在百老汇的成名只用了两个小时。两个小时，一场《金粉世界》的时间，让她从默默无闻的小演员成了万人瞩目的大明星。《纽约时报》第一时间发出了报道，毫不吝啬赞美之辞。称奥黛丽的出现让人耳目一新，她是一位兼具才华、美丽、魅力于一身的年轻女演员。她演活了琪琪的角色，并将生命的活力倾注其中，从第一幕的青涩少女到最后一幕的圆熟女人，她的表演自然流畅、无可挑剔，她的美貌典雅又不失轻灵，就像一阵吹入百老汇的春风，让人心弦舞动。

各种好评和邀约如潮水般涌来，不禁让制片人和导演也对奥黛丽刮目相看。随着演出的场场爆满以及奥黛丽名气的持续高涨，他们为自己的成果感到振奋的同时，也庆幸科莱特夫人当初的选择是多么正确。

《金粉世界》演出一周后，米勒精心安排了一场记者招待会，在工作人员的陪护下，他让奥黛丽爬上剧院外面的梯子，亲手点亮了她名字最后一个字母的灯泡——如此，广告牌就从：

《金粉世界》
主演
奥黛丽·赫本

变成了：

奥黛丽·赫本

主演

《金粉世界》

蜂拥而至的记者们用镜头捕捉当时的经典一刻:"她就是奥黛丽·赫本,百老汇的可爱精灵。"

1952年2月,奥黛丽受邀参演电视节目,饰演一位贵族女子,这也是她的荧屏处女作。两个月后,她参演电视剧《雨天在天堂路口》,饰演一个美国小城的跛脚少女。"我的梦想是在好莱坞电影中表演舞蹈,如果是芭蕾舞,那就最好了。"剧中的少女在等火车时说道,"你们肯定觉得不可思议吧?一个跛脚的人怎么可能跳舞呢?"

但无论她的梦想能否成为现实,也无论她的处境多么卑微,一个人守护梦想的尊严是不容侵犯的。奥黛丽深谙其理,她在剧中的表演完全融入了人物,让观众看到了一个忧郁又坚毅的灵魂。她的演技再次得到了大众的认可。

科莱特夫人的预言应验了,令人瞩目的明星实至名归。对于奥黛丽的种种表现,这位伯乐深感欣慰。当《金粉世界》巡演一个季度后,她提笔写下一篇题为《赫本和赫本》的文章,发表在1952年3月23日的《美国周刊》上。文章中,科莱特夫人讲述了自己和奥黛丽相遇的细节,还刊登了一张奥黛丽穿着舞衣的照片,称她为"英美两国的新星,沙滩上捡到的珍宝"。另有两张凯瑟琳·赫本不同时代的剧照,凯瑟琳·赫本是当时好莱坞最耀眼的明星之一，凭借精湛的演技和率真的人格魅力，曾十二次入围奥斯卡奖，四次获得影后桂冠。"气场非凡的非洲女王"与"骑自行车不用扶把手的杂耍少女"都是她——"美国影坛的百变女王"。

"奥黛丽·赫本，别看她棕色的大眼睛和俏丽的鼻子，看似弱不禁风，却有着一股强烈的正义感，任何出格的行为都会受到她的指正。凯瑟琳也有一身正气，不过她的风格更平民化，像牛排和冰激凌，如清新的空气、敞开的窗户和充足的睡眠。奥黛丽则具有欧式的典雅和高贵……"——迄今为止，仍有不少舆论把这两位赫本放在一起比较。

而当时，科莱特夫人将光芒初绽的奥黛丽与奥斯卡影后凯瑟琳·赫本相提并论，可以说给了奥黛丽极大的信任和荣誉。如她所言，从此，演艺界将有两颗名叫"赫本"的恒星存在。

尽管当时已有足够的资本傲然于世，奥黛丽却依旧跟成名前一样，会对影迷们保持微笑，会耐心地回答记者的问题，会照顾剧组每一个人的感受，也可以为小孩子扮演小丑……依旧美而不自知，甘愿做无视自身光芒的明星。

对于这样一位平易近人又典雅高贵的明星，喜爱她的影迷们不禁兴奋地惊呼："她是上天赐给我们的精灵，她不同于所有的明星！"

生活作息上，奥黛丽依旧是在每天凌晨四点半到五点间起床，背诵台词，练习动作，揣摩情境，争取每次的发挥都臻于完美——她将这种勤奋的习惯坚持了一生。而从某种意义上来说，坚持本身就是王冠。

第五章
时尚,就是适合自己的风格

奥黛丽·赫本的魅力无法定义。她是世界的公主、人间的精灵。她对人谦逊友善,心里却好像装着奇妙的孤独。

——美国《生活》杂志

《罗马假日》上映之后,人们突然发现,原来世间有一种美叫奥黛丽·赫本。

那是一种与玛丽莲·梦露式的性感截然不同的优雅之美。她从不为取悦观众而垫高胸部,也从不穿纤细的高跟鞋展示惹火的身姿,她仅仅用一件简单的白衬衣就俘获了全世界的心动。

而接下来,随着与纪梵希的相遇,她又将找到最适合自己的时尚,在美的领域持续探索,继而把自己的不完美变成专属魅力,变成不可复制的赫本式风格。

有一种遇见叫《罗马假日》

如果要我改掉自己的姓氏来换取这次表演机会,那我宁愿放弃。

"我最爱的城市——罗马,无疑是罗马。"按照之前派拉蒙与米勒的约定,奥黛丽在《金粉世界》春季演出结束后,就应赶往罗马拍摄新剧——这样正好可以避开炎热的盛夏;而等罗马的新剧完成,她则可以再回纽约继续参加下一季的全美巡演。

但《金粉世界》的火爆程度远在大家的意料之外,第一季的巡演一直拖到1952年5月底才结束,奥黛丽只能在炎炎夏日的6月匆忙赶赴罗马,准备参加新剧的拍摄。

《罗马假日》未映先热,奥黛丽抵达罗马时,机场已被记者和影迷们围得水泄不通。优雅地"逃"过层层堵追后,奥黛丽在剧组的安排下入住哈勒斯大酒店。酒店位于罗马市中心,从下到上共有三百六十级台阶,奥黛丽闲暇时喜欢登上顶楼,俯瞰这座"台伯河上的好莱坞"。宏伟的斗兽场,庄严的万神庙,美丽的屋顶花园,熙攘的集市，流动的街道，空气中弥漫着古文化气息，不朽之城的魅力尽收眼底，让人无法忘怀。

《罗马假日》的导演威廉·惠勒随后到达酒店迎接奥黛丽。初次相见，他们已如同老友，对于奥黛丽在百老汇的成功，这位已捧回两座奥斯卡奖杯的大导演向她送上了精心挑选的鲜花以示祝贺，并笑言对她的到来是"望眼欲穿，万分欣喜"。

惠勒所言不虚。早在数年前，派拉蒙影业的《罗马假日》剧本就到达了惠勒手中。剧本讲述了一个浪漫的爱情故事：有一位欧洲的公主，在访问罗马时偶遇了一个平民记者，他们共同度过一天的美好时光，也因此产生了爱情。但最后公主还是放弃了所爱，为了王室的义务，她只能将爱情深埋心底，回归宫廷。

制片方本打算在摄影棚里拍摄这部影片。但惠勒坚决不同意，在他的强烈要求下，派拉蒙才答应到罗马实地取景。

接下来公主的选角又成了惠勒心头的难题，他深知只有选对了公主的角色，这部影片才有成功的可能。那么要到哪里去寻找一位"为公主而生"的女演员呢？一个让人相信她从小就是接受宫廷教育长大的女孩，高贵的气质、优雅的举止、美好的容颜……最好不要有美国口音。

惠勒在欧洲物色了很久都没有结果。他想到过伊丽莎白·泰勒，他看过泰勒出演的《郎心如铁》，认为影片中温柔美丽的泰勒会是比较合适的人选。但那时的泰勒已经与米高梅电影公司签约，米高梅并不愿意向派拉蒙租借他们的明星。

时间回溯至1951年9月，就在奥黛丽获得《金粉世界》琪琪一角时，她又接到了联英影业的通知，有位美国派拉蒙影业的选角人员想见她。负责选角的理查德·米兰德曾观看过奥黛丽参演的《天堂里的笑声》。

"奥黛丽·赫本，二十二岁，身高170厘米，是一名演员兼舞者。她浑身充满朝气和魅力，相貌甜美，嗓音清雅，而且没有美国口音，看起来就像是一位欧洲的贵族女子。"——米兰德曾在报告中向派拉蒙如此描述这位新秀。派拉蒙却表示，能否请求奥黛丽改个姓氏作为艺名，以免与凯瑟琳·赫本混淆。但奥黛丽拒绝了，她说："如果要我改掉自己的姓氏来换取这次表演机会，那我宁愿放弃。"

试镜在九月中旬进行。为她拍摄试片的摄影师正是《双姝艳》的导演梭罗德·狄金森。有熟人在场，奥黛丽显得很放松，按照要求，她将表演电影中的两个场景。

首先，换上睡袍表演公主完成一天的繁文缛节后入睡的一幕，公主对着侍女说了一段台词，表示对宫廷生活的厌倦。

第二幕，她从记者家里伸着懒腰醒来，第一次体验平民生活的新鲜和喜悦，在站起身开门时，却依然不忘内心的优雅，打开门时，又是精灵般的一笑。

令人惊喜的是，奥黛丽既表现出了皇家的尊贵威严，也流露出了少女的纯真美好，自然不做作的风格，得到了在场人员一致称赞。

试镜片很快邮寄到纽约和罗马。"奥黛丽·赫本小姐给我们展示了好莱坞的最佳试镜！"派拉蒙方面和惠勒一致认为，这就是他们想要的女主角。"《罗马假日》终于可以开拍了！"惠勒兴奋地说。虽然当时的奥黛丽还只是个在电影中跑龙套的小角色，由她担任配角的《双姝艳》也尚未上映，但他对此毫不介意。他看中的，正是奥黛丽初生牛犊般的雄心与活力："她有才华，有志气，像原野中的小羚羊，机智、活泼，又富有生机和感染力，她的出现，让我收到了一份最完美的试镜。"

随后，奥黛丽前往纽约参演《金粉世界》，同时开始与《罗马假日》的服装设计师探讨剧中的服装。设计师伊迪丝·海德是好莱坞的传奇人物，齐眉刘海，娇小发髻，灰蓝色墨镜是她的个人标记，她也被演员称作"设计女巫"，据说其才华和脾气成正比。海德见证了派拉蒙的黄金时代，一生荣耀无数，并多次获得奥斯卡奖，在电影史上的辉煌无人能及。

当海德见到清丽可人的奥黛丽时，也不由得眼前一亮，这位年轻女孩显然不同于其他女明星，她有一种难以言喻的美。奥黛丽在见到海德之前也曾听闻过她的经历和作风，海德不好打交道，却有着"点石成金"的才华。她们的合作还算融洽，实在是意外之喜。

奥黛丽虽然谦逊有礼，温柔可人，但她也有自己的原则，在时尚方面，她一直坚持自己的审美情趣，且懂得运用自身的优点，聪明地将她的韵味展示出来。在以性感为美的好莱坞，她既不垫肩，也不垫胸，喜欢穿简单的男式衬衫，从不取悦任何人。就像她敬重每一位设计师，但如果是她无法接受的服饰，无论对方多大牌，她都不会穿戴。

在海德的工作室，奥黛丽试穿了几套剧中的服装。她与服装的完美融合，让海德忍不住向在场的工作人员感叹道："她的身材非常好，十足的模特架子，换装后更是俏丽迷人，神韵、气质，一切都对味了。不！她的美甚至超越了我的服装，我想我会忍不住诱惑，设计出更多与她争艳的服装来。"

奥黛丽最先试穿的是公主出走时的服装，白衬衫、喇叭裙、搭配平底鞋，宽腰带让她的腰部看起来更纤细，浑身洋溢着青春活力。对着镜头，她轻轻转了个圈儿，裙摆荡漾。转瞬间，又像个率真的小男孩一样挽起衣袖，随即绽开一个笑容，点亮了镜头。当她头戴王冠穿着宫廷华丽礼服出现在镜头前时，在场的人没有一个会怀疑她的身份，眼前的女孩，俨然就是一位高贵可爱的公主。

对于奥黛丽来说，能出演《罗马假日》有些无心插柳的意味。她从未想过有一天会成为电影演员，但人生就是这样奇妙，永远有意想不到的事情在等着你。

而更让她意想不到的是，她会因为这部即将拍摄的电影、这个安妮公主的角色，从此成为罗马的象征——当人们提起罗马时，都会情不自禁地想到，"《罗马假日》、安妮公主，对，奥黛丽·赫本。"

有一种友情叫一生一世

如果当初奥黛丽与派克走到了一起，又会是怎样一个浪漫的故事？

第一次见面，犹如童话中浪漫的开头，在制片方安排的欢迎酒会上，她和他相遇了。他风趣地向奥黛丽问好："很高兴见到您，我的公主殿下。"奥黛丽则把手放进他的掌心，朝他明媚一笑："但愿不负您的期待。"

这位即将与奥黛丽在新片中相恋的男演员名叫格里高利·派克，时年三十六岁的他已是一位赫赫有名的电影明星。1947年，他曾凭借爱情片《鹿苑长春》获得美国金球奖。派克拥有与生俱来的英俊相貌，雕塑般的轮廓，伟岸挺拔的身型，不仅是魅力男演员的代表，也是当仁不让的绅士，加之刚正不阿的性格，又让他成为好莱坞道德力量的象征。

与奥黛丽一样，格里高利·派克也不是惠勒的第一人选，在他之前，惠勒曾希望由英俊倜傥的英国演员加里·格兰特来担任男主角。

在遭到加里的拒绝后，惠勒才想到邀请格里高利·派克。谁知派克最初也不愿意出演，理由跟加里差不多，因为这部戏的焦点全在女主角身上。但最终派克还是答应了，一方面是被惠勒的诚意打动——派拉蒙拟出的合约上，注明了让派克挂名第一主演，另一方面是他真心喜欢这个剧本。他打算听从一次内心的安排，不去考虑角色与戏份。

派克曾说，与奥黛丽一起拍戏是他的幸运。而在奥黛丽看来，经验丰富的派克完全可以成为她的老师，他也确实给了她许多有益的建议，让她的表演更上一层楼。

为何奥黛丽总会受到前辈和朋友们的无私帮助？

派克的一番话，或许能成为一种答案："要爱上她实在是太容易了……在好莱坞这样鱼龙混杂的环境里，她算是一个独特的存在，从不说人坏话、道人短长，从不笑里藏刀、阳奉阴违。她表里如一，又活泼可爱，怎能不让人信任和喜欢呢？"

的确，一个人的品质才是最核心的魅力——真实可靠的个性，磊落明亮的精神，她身上的灵气与朝气，就像滚滚洪流之外的清泉，能让人自然地卸下防备，与她坦诚相处，温柔相待，同时照见自身的善意与美好。

《罗马假日》开拍后，罗马历史上最热的夏天同时来临，受地中海气候的影响，湿度极高的罗马城就像个大蒸笼。由于影片场景大多由外景构成，拍摄过程变得异常辛苦。当时又值旅游旺季，街道上游客很多，包括当地居民在内，大家都想一睹明星的风采。于是场面经常显得混乱纷杂，进程受到影响便在所难免。

导演惠勒以严谨苛刻著称，他是一个完美主义者，通不过自己这一关的镜头永远都不能算数，重拍、重拍、再重拍，直到满意为止。剧组中有人回忆，为了拍出某一个镜头的自然感，惠勒让人表演了五十多次才结束。其中奥黛丽与派克一起骑着摩托车穿越街道的一幕，就花了好几天的时间。

最后一个在车上离别需要女主角痛哭的镜头，也是拍了好多遍都不理想。不知怎么了，奥黛丽的感情酝酿一直无法到位。惠勒只能佯装生气地对她大吼："拜托你专业一点儿，你难道要全剧组一直等下去吗？"

奥黛丽难过得大哭不止。

"好了！"镜头不失时机地捕捉到了这一幕，惠勒终于露出了满意的笑容。派克则在车中拍拍奥黛丽的肩，柔声说道："你看，为了表演效果，这也是一种'笨'方法。"奥黛丽破涕为笑。

拍摄的过程总是充满艰难险阻。有一天，剧组正在拍台伯河边的一场舞会，却意外发现桥下绑满了炸药——因为意大利的政党冲突，此类事件时有发生，大家不由得都倒吸了一口凉气，相互拥抱着庆幸"死里逃生"。

好在剧组成员之间能够愉快相处，融洽的氛围让大家的心情放松了不少。在这样的情境下，奥黛丽自然成了剧组的核心人物，她在戏中是主演，在休息时也能成为逗趣的主角。就连一向严苛的惠勒也对奥黛丽青睐有加："她就像一个活跃又谦逊的学生，努力、好学、肯吃苦耐劳，作为演员来说，经验不足可以练习，闪闪发光的品质却不可多得。"

她的搭档派克认为："奥黛丽是一位有趣的小姐。我觉得她可以多演一些轻松的喜剧，就像《罗马假日》一样，她在这方面明显很有才华。而且她会有更宽广的戏路，定位对她没有必要。"

有一张经典的照片：片场休息时，奥黛丽与派克在一起玩扑克。两位大明星穿着《罗马假日》里的戏服，就那样坐在角落里打牌，心无旁骛，其乐融融，既像戏外相识多年的老友，又像戏中午然相逢的恋人。于是开始有一些媒体捕风捉影，在没有任何证据的情况下，就刊登出了"天王巨星格里高利·派克和影视新星奥黛丽·赫本正在恋爱"的消息。

对此两位主角只能无奈一笑，清者自清。但制片方的态度却暧昧不明，对所有的报道和传闻都一直未予以公开澄清。他们有自己的精明打算，对于一切有利于电影造势的消息，都可以任其发酵，观众的猎奇心越大，对这部"让派克和赫本成为情侣"的影片期待就会越高。

事实上，派克当时已有自己的爱情归属，他的爱人是一位美丽热情的记者。他们的相遇也曾被传为美谈——据说当天女记者有两个机会，一个是采访思想家萨特，一个是采访演员派克。结果她选择了后者，从而收获一段奇妙的爱情。

而奥黛丽也同样有婚约在身——她曾在《金粉世界》首映那天晚上，见到了手捧钻戒出现在她面前的未婚夫汉森。她很感动，当场就答应了他的求婚，两人还商议在《罗马假日》杀青后，就立刻回到伦敦举行婚礼。

就像每一对银幕上的才子佳人都会引来观众的配对猜测，派克与奥黛丽在《罗马假日》里的情侣形象也让不少影迷期盼他们能够牵手相恋，其中应该不乏真心的成分——希望他们可以用戏外的幸福弥补戏中的遗憾。以至于影片上映后的几十年间，一直有不少观众猜想："派克爱过奥黛丽·赫本吗？""奥黛丽·赫本是否曾对派克动过心？""如果当初奥黛丽与派克走到了一起，又会是怎样一个浪漫的故事？"

一年后，在派克的帮助下，奥黛丽获得了奥斯卡奖。

两年后，奥黛丽结婚，派克送给她一份礼物，是一枚母亲传给他的蝴蝶胸针，他用全部的真心祝她幸福。

几十年后，奥黛丽去世，已经七十七岁的派克，专程从美国赶到瑞士见她最后一面。在她长眠的地方，他为她献上最爱的鲜花，深情亲吻她的棺木，哽咽着说："你是我一生中最挚爱的女人。再见了，我的公主殿下。"

——这些真真假假的传说一直在世间流传，人们宁愿相信这个令人潸然泪下的故事是真的。事实上，他们的友谊也保持了一生。在派克的帮助下，奥黛丽获得了奥斯卡奖。奥黛丽和第一任丈夫认识也是由派克介绍的。

感叹世间有多少感情，或浩瀚如海，或沉默如谜，都是深浅自知，心才是一切的答案。

纵观奥黛丽的一生，她与派克之间的感情，用"挚友"来概括应该更为合适。"朋友之上，恋人未满"，比友情深一点儿，比爱情浅一点儿，虽然没有结合，但也不会离弃，光风霁月，坦坦荡荡。任光阴蒙尘，世事变幻，永远闪亮如新，永远是内心最好的珍藏。

不适合的，不因艰难而将就

分手是一个艰难的决定，但是我相信这是唯一理性的抉择。

《罗马假日》原定于1952年9月1日杀青，但由于各种原因，到了真正完成的那一天，已经是9月25日。这时距离奥黛丽回纽约参加《金粉世界》的巡演日期已不到一个星期的时间。于是，9月一来临，派拉蒙公司驻罗马办事处隔几天就会收到催促的信件。

一部分是米勒写来的。每一封信上，米勒都会提醒《罗马假日》剧组，《金粉世界》的巡演日期已经确定，不容更改，因为上一季的成功，下一季演出票早在数月前就已售罄，所以在10月1日前务必将奥黛丽归还到位，以确保正常的排练。最后，米勒总是不忘加上一句："我可得罪不起全美的观众。"

另一部分则是来自奥黛丽的未婚夫汉森。早在7月和8月，汉森一有空就会飞到片场来探班。除了陪伴奥黛丽，他也会以未婚夫的身份催促剧组的拍摄。但拍摄进程还是不可避免地延误了，汉森很不满，他甚至不惜拍电报到派拉蒙总公司，向他们"投诉"剧组的低下效率，并郑重提及影片最初承诺的"将在9月初杀青"一事。到了9月，在伦敦无法抽身的汉森便只能频繁写信来"声讨"，让剧组必须在中旬放人。

尽管奥黛丽深爱汉森，也很感激他对她的呵护和陪伴，但她并没有被爱情蒙蔽了双眼。对于汉森"干涉"剧组拍摄的言辞和做法，她并不认同，更不喜欢。

或许在汉森看来，他不过是在保护未婚妻，让她不致被好莱坞"压榨"，为她争取更多的自由。但在奥黛丽看来，拍摄上的延误完全情有可原，身为一名演员，首先就要尊重契约精神。而婚姻不是契约，他们来日方长，大可不必如此咄咄逼人，分秒必较。

汉森在罗马时，奥黛丽也曾试着与他商议："或者可以考虑在纽约结婚，我并不介意地点在哪里，宾客有多少，场面有多隆重，只要结婚的人是我们，其他的一切都不重要。"然而汉森介意。对他而言，结婚不仅是终身大事，还关系到整个家族的荣誉。就像他说的："请看在我们家族的地位上，让我来安排这次婚礼。"他的安排就是，不仅要大宴宾客，还要面面俱到，事事风光，最好能成为伦敦的年度盛事。

汉森从罗马回到伦敦，走之前因为意见相左，两个人之间发生了一些小小的不愉快。不久，汉森向制片方发出了第一封催促信件，信上明确写道，奥黛丽即将与他结婚，婚礼就定在9月底。同时，他又在伦敦通过媒体，以自己家族的名义单方面发出了一份声明："英国女星奥黛丽·赫本，将在本年9月30日与英国及加拿大货客运业家族的詹姆斯·汉森喜结连理。遗憾的是赫本小姐目前正在罗马，与格里高利·派克一起拍摄《罗马假日》，但我们已经商定好，婚礼将在英国约克郡哈德斯菲尔德教堂举行。"

声明发出后，大众一片哗然。然而汉森最终依旧没有得到他想要的结果，制片方似乎并不打算立即放人——结婚虽是大事，但归根结底还是私事，电影公司并无义务为演员的私事埋单，何况，他们也是此时才获悉这个消息。

公私分明的派拉蒙随后表示：首先祝贺赫本小姐即将新婚，这势必会成为轰动一时的新闻；其次深表歉意，因为影片的进程，影响到了赫本小姐未婚夫的心情；再者，希望将影片中为安妮公主这一角色定制的所有礼服、鞋帽和饰品，外加一份礼金，赠送给赫本小姐；最后，诚挚地祝福新人的婚姻美满长久。

终于等到9月25日《罗马假日》杀青，在奥黛丽忙完罗马的所有工作回到伦敦的当天，汉森一早就守候在诺里霍兹机场，等待未婚妻从罗马归来。在他的精心安排下，美国大使的女儿将成为这场婚礼的伴娘，数百名重要的宾客也已受邀至教堂等候……可谓万事俱备，只欠新娘。

但戏剧性的一幕发生了，就在奥黛丽走下飞机的那一刻，汉森看到迎接她的还有另外一名男士。没错，那位男士就是与汉森同样心急如焚的米勒派来的助理。

救场如救火，还没顾得上安抚未婚夫并试穿婚纱的奥黛丽，就那样在米勒助理的陪同下匆匆转机飞往纽约。再下飞机时，正好是10月1日，在法律上算是遵守了合约。

米勒开着他的豪华轿车赶来机场，随后就将奥黛丽带往了排练室。几天后，第二季的《金粉世界》正式开始巡演，所到之处场场爆满。有奥黛丽全身心地投入其中，戏剧又一次取得了成功。

"我们去了美国的十几个城市，巴尔的摩、匹兹堡、波士顿、克利夫兰、辛辛那提、芝加哥、华盛顿、旧金山、洛杉矶……很多地方我之前从未去过，一切都很新奇，但也确实非常忙碌，好在大家配合默契，我们收获了许多。"多年后回忆起那段忙碌的巡演时光，奥黛丽如此说道，包括她最后颇具深意地补充："我也正好可以冷静下来，慎重选择未来人生的方向。"

曾在《金粉世界》剧组工作的一位成员回忆说，奥黛丽在全美巡演期间，舞台发挥一直很不错，而且在舞台下也看不出有什么异样。只是她随身携带的汉森的照片不见了。当旁人和媒体问起她是否与未婚夫感情有变时，她总是微笑着说："我们很好。"她的教养告诉她，应该时刻保持从容，且对自己的私生活守口如瓶。

而这时汉森在接受一些媒体访问时，谈起与奥黛丽的婚事，也是异口同声："我们感情很好，不过是因故延期了婚礼，但不出三个月，我们就会结婚。"

事实真是如此吗？1952年11月18日，在芝加哥参加巡演的奥黛丽与从多伦多赶来的汉森联合发出的一份声明，很快给出了答案——可见这对昔日情侣之间的感情，确实出现了不可弥补的裂痕：

"影星奥黛丽·赫本与詹姆斯·汉森已友好分手,婚礼正式取消。"

汉森原本希望可以修复两个人之间的关系,也期待着奥黛丽重回他的怀抱,所以不顾一切地放下繁忙的家族生意,专程赶往芝加哥陪伴未婚妻。只是他的诚意并未打动她。

经过一番长谈后,他决定忍痛放手,让奥黛丽在事业上自由自在地发展。而对于一些"要求奥黛丽放弃事业"的指责,汉森的辩解显得有些委屈:"我从未说过让奥黛丽放弃事业的话,即便当初她嫁给了我,也会继续她的事业。她资质高,又肯努力学习,会成为闪耀的明星,这点我从不怀疑。最重要的是,我深爱着奥黛丽,我这一生,从未如此爱过一个女人。无论最后我们成为夫妻还是成为朋友,我都不后悔爱上她。"

关于取消婚礼一事,奥黛丽对外的解释则是:她还没有准备好与一个人签下"终身契约",尽管她一直渴望获得婚姻和爱,但这时她的事业刚刚起步,她觉得还不到最好的时机。如果就此结婚,那么婚后见面的机会也会少得可怜,她无法尽职尽责地履行一个妻子爱的承诺,更别说对孩子全心全意的爱和付出。"这样对汉森是不公平的。""他很优秀,不应该成为一个替我拿着外套等我为影迷签名的人。他的家族地位,也不容许他那样。"

当然,对于奥黛丽来说,除了以上种种理由,让她真正放弃这段感情的还有一个重要的因素,那就是她母亲的意见。

奥黛丽从罗马归来后,艾拉就一直陪在女儿身边——这时的奥黛丽已经完全有能力负担母亲的一切生活开销。1952年似乎注定是一个多事之秋，就在汉森从多伦多赶来之前，艾拉无意中看到了一份报纸，上面报道了汉森在某家酒店与多名女郎约会的花边新闻，浮夸醒目的标题更是揭开了她内心的伤疤，她郑重地提醒奥黛丽："你要考虑清楚，我不想你重蹈我的覆辙。"

回想汉森那句"我深爱着奥黛丽"的底气，想来他对婚恋的态度，也跟当时社会上那个不成文的标准有关。在认识奥黛丽之前，他就是个花花公子。但关键是，他并不认为这是他的污点。相反，他所认为的，正是与社会公认的一样，男人即使有外遇，也会被当成野性和魅力，很快被女人原谅，反之如果是女人，只要有过情人，就会被贴上各种恶毒的标签。

但无论社会上是怎样的标准，都没有谁会比女人更明白女人的感受，更何况还是骨肉相连的母女。经历过两次失败的婚姻，艾拉深知被丈夫伤害的痛苦，也深知伤口愈合的艰难。

母亲的提醒让奥黛丽不禁联想到童年时的孤独与无助，她永远也不想自己的孩子再忍受那样的生活。思前想后，她决定取消婚礼。"在长达一年的时间里，我曾经认为将我们的生活和事业联系在一起是可能的……分手是一个艰难的决定，但是我相信这是唯一理性的抉择。"

冰冻三尺，非一日之寒。两个人性格的不同，其实早已给这段关系埋下了隐患，每一次出现的裂痕，都产生了一种无形的压力。爱没有对错之分，但一份爱情，能不能经得起时间与空间的检验而走进婚姻，却取决于双方有没有为未来披荆斩棘的决心，更取决于双方是不是拥有相同质地的灵魂。至于那篇花边报道的出现，不过是压垮爱情的最后一根稻草而已。

时尚就是适合自己的风格

她不是上帝亲手雕琢的完美女孩，但她懂得如何将不完美变成个人专属魅力，不迎合，不取悦。

1953年5月16日，《金粉世界》第二季的巡演完美落幕，奥黛丽人气大增的同时，也给即将上映的《罗马假日》做了绝佳的铺垫。

而此时英国玛格丽特公主的一段情事恰巧被披露：玛格丽特公主是女王伊丽莎白二世的妹妹，她爱上了有过婚史的空军上校，并执意下嫁。最后在王室的阻挠下，她被安排远行，她的恋人则被派遣到别的国家任职……

尽管派拉蒙方面一再表示，"我们没有影射玛格丽特公主，这只是一个巧合"，但在媒体的层层渲染下，同样有关王室公主与平民爱情的《罗马假日》，想不大热都难。

《罗马假日》的宣传海报已经出来了，电影将于8月正式公映。

这时海报上的主演已经改成了"天王巨星格里高利·派克与新星奥黛丽·赫本",而按照之前的合约,主演只有派克一人。

原来,在剪辑影片时,奥黛丽的表演再次打动了惠勒,他打电话与派克商议,看能否将奥黛丽的名字与其并列。派克欣然应允。派克的想法很简单,奥黛丽在影片中大放异彩,理应受到这样的待遇,而且作为知心好友,他深知那时的奥黛丽比他更需要一些奖项的肯定。

电影上映后果然不负众望,票房持续升高,奥黛丽自然清新的表演让影片取得了巨大的成功,几十年来经久不衰:人们一再重温这部影片,在黑白的光影中唏嘘感叹,用其中的情节检验被世事蒙尘的内心,就像重温一场美丽的旧梦,有绵长的哀愁穿透岁月,真爱的光芒一触即逝,又恒久如新。甚至有人说,罗马所有的前世今生与景色烟云,都比不上一部《罗马假日》给人带来的心之向往。

作为一部喜剧片,这部影片给观众带来了轻松愉悦的气氛,又因奥黛丽的细腻演绎,加上结局设定得出人意料,让其在好莱坞一贯的喜剧片中脱颖而出,多了一份高雅圣洁的意味,还有浪漫的惆怅。

不再是"有情人终成眷属"的童话结局,影片最后,自由不再是歌颂的主题,爱情也只是个美好的意外——公主在恋人的目送中重回大使馆:"我明白作为公主的职责,如果不是,今晚我就不会回来,或者说永远不会回来。"在次日的记者招待会上,当有人问起公主最爱的城市时,她毫不犹豫地说:"罗马,无疑是罗马。"看着站在人群中的恋人,深情的眼神封缄了秘密,那一刻,他们咫尺天涯,却了然于心,"罗马带给了我最美好的记忆,我将永远珍藏于心",爱情如此短暂，也如此永恒。

所有观看过影片的人都爱上了奥黛丽，不论是平头百姓还是社会名流，都被影片中这位公主的魅力折服了。

在威尼斯电影节的首映礼上，奥黛丽的出现让媒体一度沸腾。大众从未见过这样的明星，在那个属于性感美人的时代里，奥黛丽就像横空出世的精灵，分明有绝对的优雅，却又像个邻家姑娘一般讨人喜爱，举手投足，都有独特的气质。大家不仅争先恐后地去看她的影片，而且全世界都流行起了"罗马假日"的风潮。

据当时的媒体报道，每天在街头巷尾，都能看见年轻的女孩子对理发师说："请为我剪一个'赫本头'。"还有她的妆容，一套全新的化妆体系正在悄然流行。就连影片里的装束也在女性间蔚然成风，白衬衫、喇叭裙、平底鞋，简洁偏中性的服饰受到了大众的喜爱。这些女孩不再把内衣垫得丰满，也不再执着于高跟鞋的风姿摇摇，她们以"赫本风格"为标准，相信自由的内心让自己更美丽。

时至今日，依然有全世界的影迷慕名来到罗马，只为体验一下"安妮公主"坐在广场的石阶上吃冰激凌的简单快乐。

在奥黛丽身上，人们突然发现了一种新的美的领域，一种不同于玛丽莲·梦露式性感的优雅之美。没有惹火的红唇，没有汹涌的胸线，没有纤细的高跟鞋，也没有迷离魅惑的眼神。她有的，是清纯脱俗的容貌，高贵温柔的气质以及自然谦逊的性情。她不是上帝亲手雕琢的完美女孩，但她懂得如何将自身的不完美变成个人的专属魅力，不迎合，不取悦他人，始终保持自我的审美取向与风格。

而随着她与纪梵希的相遇，更让她身上的魅力发挥到了极致。以至于后来人们都喜欢将她与可可·香奈儿相提并论，"真正的时尚就是适合自己的风格"，在时尚界，她们不仅改变了女性的穿着方式，更让自己成为一种标识。

1953年9月7日，二十四岁的奥黛丽首次登上了美国的《时代》周刊封面，杂志首席插画师鲍里斯·查理为她画了《罗马假日》里的背景，旁边是醒目的题词："奥黛丽·赫本，一颗熠熠生辉的美钻。"翻开杂志，内页的文章则如此描述："她身材纤美，举止高贵，鹅蛋脸上有一双小鹿般的眼睛，还有全世界最纯洁无瑕的笑容，她是将女王气质与少女气息巧妙融合于一身的魅力女人。"由她饰演的安妮公主仅存在于《罗马假日》那个虚构的世界里，但她却真正存在于我们这个世界。

12月，美国《生活》杂志对奥黛丽进行了一期专访，过程颇费周折。是时，她已经在派拉蒙的安排下，搬到了洛杉矶威尔榭大道上的一栋小公寓楼里居住。紧锣密鼓的工作让她身心俱疲，对于媒体到家中的约访，她几乎一律谢绝。

不过最后，《生活》杂志还是拍下了她的一组照片：温习台词时像学生一样勤恳；坐下来吃东西时又像小女孩一样可爱；看书时一条腿会盘起，另一条腿却像练习芭蕾舞一样前伸；骑着自行车出行时，身姿敏捷，笑容恬静……

当记者问起"你对自己的成名之路有什么看法"时,她一如既往谦逊地回答:"我一直在向前奔跑,努力抓住每一次机会,我明白成功并不易得。在最初的音乐剧中,我只受过芭蕾训练,必须一边观察一边表演。在《金粉世界》里,我同样缺乏经验,必须持续不断地学习,一直到最后一次公演。《罗马假日》对我来说又是一次挑战,我战胜了自己的紧张,唤出了内心的自我。对于成名一说,我把它当成考验,或许是毕生最大的一次。因为到目前为止,我不过是由宣传塑造出来的明星,而我只相信观众的认同,只有观众的认可,对我才有意义。"

不管奥黛丽本人对成名保持何等的低调,记者们也不会忘记探询这位明星的感情生活。自从奥黛丽与汉森宣布分手后,她的情感归属就成了一个谜,大家都在饶有兴趣地猜测,会是哪一位幸运的男士将她的芳心俘获?这次她的回答更是滴水不漏:"我现在没有男朋友,也暂时不打算结婚。"

在她心里,婚姻是比表演更需要才华的事,如果不能做到两者兼顾,又各自良好,她宁愿不开始。当然,如果她选择婚姻,那么她就会将婚姻放在第一位,全身心地投入其中。

《生活》杂志很快刊登了这期专访,并在文章中写道:"奥黛丽·赫本的魅力是无法定义的,她是世界的公主,人间的精灵,她对人谦逊友善,心里却好像装着奇妙的孤独。"

于是,人们不禁联想到"安妮公主"在宫廷深院里的寂寞芳心,便愈加期待有一位王子能恰逢其时,将奥黛丽紧锁的心门打开。

第六章

欲戴王冠,必承其重

奥黛丽·赫本即便是披着一只装土豆的口袋,也会优雅万分。

——"法国纪梵希设计室"首席设计师
于贝尔·德·纪梵希

奥黛丽·赫本成为奥斯卡影后，接着，她又获得了美国金球奖和百老汇最高荣誉——托尼奖。

各种奖项纷至沓来，见证了一个属于奥黛丽·赫本的时代。但极致的荣誉却给她带来了巨大的精神压力，让她一度徘徊在崩溃的边缘。

所幸在爱情的怀抱里，她找到了片刻的安慰，在经历过心灵的崩溃和修复之后，她终于迎来了更为独立的精神世界，也渐渐明白，婚姻与事业一样需要用才华来经营。

优雅是种选择

纪梵希是我所见过的最懂得我的人，我很少有比他更爱的人。

"她温柔的眼神和高雅的举止瞬间将我俘获。我是个幸运的人，有她成为我的缪斯。"——相隔半个世纪以后，年近八十的"时尚巨人"纪梵希回忆起第一次与奥黛丽·赫本相见的情景，依旧心潮涌动。

1953年7月的一天，在设计界崭露头角的年轻设计师纪梵希接到助理的电话，说身在巴黎的电影明星赫本小姐想过来采购新片戏服。他最初想到的是凯瑟琳·赫本——那个自由不羁穿着随意的"非洲女王"，心里不免有些紧张。所以当他看到眼前站着一个身穿运动衫和平底鞋的年轻女孩时，强烈的落差让他忍不住笑了起来。女孩的脸上也笑容绽放，让她的眼睛看起来更明亮温柔。而她清瘦的身姿、优雅的气质，又一如从他的速写本上走下来的模特。纪梵希很快惊喜地肯定，这一定是上帝送给他的灵感宠儿。

奥黛丽·赫本是为她的新片《龙凤配》而来的。《龙凤配》是继《罗马假日》后由奥黛丽担任主演的第二部电影，剧本根据萨缪尔·泰勒的百老汇舞台剧《仙女塞布丽娜》改编，被派拉蒙买下电影版权后，交由旗下导演比利·怀尔德执导。怀尔德坦言自己在看过《罗马假日》后，瞬间被奥黛丽的清纯可爱所征服。他赞美："上帝亲吻了一个小女孩的脸颊，奥黛丽·赫本就诞生了。"

这个影片讲述一个类似于"灰姑娘"的故事。塞布丽娜出生在富有的拉勒比庄园，但只是一个司机的女儿。她暗恋庄园主的儿子戴维，而身份的悬殊，注定他们是云泥之恋，就像她的父亲劝告的那样："不要企图获得月亮。"当塞布丽娜从巴黎求学归来后，一切都发生了改变："是的，我不会试图摘月，但我要月亮向我奔来。"果然，蜕变成魅力女郎的她，很快就让戴维刮目相看，并对她展开热烈的追求。而为了阻止这场恋情的发生，戴维的哥哥莱纳斯决定主动接近塞布丽娜，却也不可救药地爱上了她……

在影片开拍之前，奥黛丽得到了一个小小的假期，她可以带上母亲去巴黎游玩几天，顺便为她的新片选购服装。巴黎是时尚之都，是海明威笔下"快乐的同义词"。繁华的街道，精美的橱窗。路过无数的时装店后，奥黛丽最终选择了纪梵希。简约、优雅、时尚、独特，正是她想要的。

对审美的深度契合让他们一见倾心，同样的价值取向又让他们成为终生的挚友。

当时的纪梵希刚在巴黎立足，而成长于艺术世家又极具设计才华的他，已经在筹备自己的品牌时装展了。这位年轻高大的时装界的绅士，名气虽不及同期的好莱坞著名设计师伊迪丝·海德，但在奥黛丽看来，他作品的风格更符合她心中的理想服装。

奥黛丽挑选了三套服装带回纽约：她最先选了一套灰色羊毛套裙，"这正是我想要的装扮，成熟、优雅，从女孩到女人的蜕变，一种衣锦还乡的味道。"在影片中，她就是穿着那套衣服回到拉勒比庄园，惊艳了戴维。

另一件是经典黑色晚礼服，船形领可以将她的曲线勾勒得更美妙，肩膀上的蝴蝶结又有轻快浪漫的少女气息。影片上映后，这件礼服迅速风靡了时尚界。

最后一件是白色无肩带的礼服，华丽精美，白色丝绸上绣有黑色花朵，后摆为可拆式曳地拖裙，衬托着塞布丽娜超凡脱俗的魅力。她将穿着它亮相于男主角的豪华派对，令在场所有的女人黯然失色。

多年以后，奥黛丽回忆起那一次的试穿感受，依然心绪如少女，脸上浮现出恋爱一般的甜蜜："他的衣服，会让女人在顷刻间爱上自己。"是的，纪梵希的作品不仅有经典优雅的风格，还能唤醒一个人身体的愉悦与灵魂的自由。他常说："女人不是在穿裙子，而是住在裙子里。"这一点与奥黛丽的体验心有灵犀："纪梵希为我设计的衣服，总是让我备感安全，备受庇护。"

1953年的金秋十月，《龙凤配》正式开拍。拍摄过程对剧组成员来说，实在不算轻松。一方面是因为对剧情反复的修改，演员们经常在临拍前才能拿到剧本。另一方面则是饰演哥哥莱纳斯的亨弗莱·鲍嘉，他恶劣的态度让整个剧组都不堪忍受。他会嘲笑导演，羞辱摄像师，嫉妒比他年轻的每一个演员，于是时常有人抱怨："唉，真是一生中最恐怖的经历。"就连好脾气的奥黛丽也需要平复自己的情绪，对他一再忍让，"他好像对全世界都有敌意，他痛恨我、责骂我，我只能当作听不见、看不到。"

在戏中饰演花心少爷的威廉·霍尔登，对奥黛丽却是不一般的体贴呵护。霍尔登比奥黛丽大十一岁，英俊潇洒，正值事业巅峰，身上很有成熟男士的魅力，同时也风流成性，对女人有难以抑制的征服欲。

很多年后，霍尔登承认，第一眼他就被奥黛丽迷住了。然后就像电影中的情节一样，他主动出击，使尽浑身解数去讨佳人的欢心。在得到奥黛丽回应的那天，他甚至高兴得像一位凯旋的将军。很多个晚上，他们会带上一个便携式的电唱机开车前往乡下，她在月光里为他跳芭蕾舞的身姿，让他迷恋了一辈子。

但情况很快发生了变化。随着两人感情的秘密升温，一直渴望拥有家庭和孩子的奥黛丽对未来产生美好的憧憬："我想为你生一堆孩子，我愿意放弃事业，全心与你组建家庭。"

而这时的霍尔登却迟疑着告诉她，他已经做了绝育手术——这是为了能够方便拈花惹草，免去让女方怀孕的麻烦。这个消息让奥黛丽无法接受，她当场向霍尔登提出了分手。

"我真心爱奥黛丽，但她不肯嫁给我，我觉得自己受到了打击，为了安抚心灵,我环游世界,在每个国家都找了一个情人。"时过境迁,对于霍尔登这一番带着"挑衅意味"的言论,奥黛丽只能无奈地一笑,再也不愿多费口舌。或许她在庆幸自己当初的决绝,也不想再给他制造任何话题。毕竟于她的整个人生而言,霍尔登的出现只是拍摄《龙凤配》时的小插曲,而这部戏全部的意义,在于让她遇见了纪梵希。

《龙凤配》杀青后,奥黛丽邀请纪梵希来参加派拉蒙的试映会,这也是他们的第二次见面。试映会很成功,奥黛丽的表演征服了在场的所有人。她精准地拿捏了角色的个性,将一个有野心的灰姑娘表现得恰到好处。观众评价她:"既清纯又世故,却唯独让人恨不起来。"剧中的服装棒极了,然而当片尾服装设计师的名字出现时,大家傻眼了——伊迪丝·海德,可她分明只设计了一套戏服!

纪梵希却表现出了惊人的大度,迟疑了一下,他反过来安慰奥黛丽,让她不要愧疚,因为能为她设计服装,已经非常荣幸……临走时,他又给了她一个温暖的拥抱,微笑着说:"没有关系,我们来日方长。"

这件事让奥黛丽很受触动。

从不示弱的伊迪丝·海德自然不会澄清真相,但奥黛丽却坚定了要与纪梵希合作的想法。在事后的采访中,她不止一次强调:"这部电影让我收获良多,因为它,我获得了《电影日报》评选的年度最佳女演员,也让我获得了奥斯卡金像奖最佳女主角的提名……但我想感谢我的服装设计师纪梵希先生,他功不可没。"

于是从《龙凤配》起，纪梵希就成为奥黛丽的"御用"服装设计师。他为奥黛丽打造了众多影片中的经典形象，也为她在好莱坞奠定了不可超越的时尚地位——迄今为止，提及奥黛丽·赫本，人们想到的依然是"世界上最优雅的女人""时尚界的灵魂人物"，并时常有影视明星以模仿赫本的形象为荣。

奥黛丽曾说："是纪梵希成就了我。"纪梵希却笑道："奥黛丽即便是披着一只装土豆的口袋，也会优雅万分。"诚然，服装的选择，从来都有关心智，一个人的风格，不过是灵魂的放大镜。

正如纪梵希所说，奥黛丽是个非常理性的人，极为专业，从不乱发脾气、摆明星的架子。她更有独到的时尚眼光，经常会在他的设计之上加上一点儿自己的特色，而那些细节，正好可以画龙点睛。

"纪梵希是我所见过的最懂得我的人，我很少有比他更爱的人。""奥黛丽是我天空中的繁星，给我无尽的灵感，照亮梦境。"——四十余年的合作佳话，造就了永恒流传的时尚传奇。

奥黛丽与纪梵希曾相互陪伴于人生的各个阶段，除却工作上的合拍，更多的其实是人格魅力上的吸引和默契。幸福时，她想要第一个和他分享；受伤时，她可以伏在他的肩上哭泣；困顿时，他可以给她最无私的帮助；离世时，他是她亲自挑选的抬棺人。

从最好的年华到生命的最后，他们不仅是合作伙伴，更是挚友，是知己，是血缘之外至爱的亲人。他们相互珍惜，彼此成就，"有奥黛丽·赫本的地方，就有纪梵希"。潮流匆匆，风格永存，他们之间的感情，就是风格本身。

靠近你，温暖我

什么是幸福？创作获得成功时的满足感固然是一种幸福，我认为和理解自己的人一块儿生活也是一种幸福。

缘分是什么？

是如何让我遇见你，在我最美丽的时刻；是在时间的无涯荒野里，没有早一步，没有晚一步，原来你也在这里；是存在于相遇者之间的一种自然而神秘的心灵力量；是惊鸿一瞥，半生缱绻；是一念起则万念生……

问一千个人，或许就会得到一千个答案。自古以来，世间万物皆有答案，唯有缘分一词，最难解。

而对于奥黛丽来说，缘分是一场酒宴上的颔首浅笑，相谈甚欢；也是独自伫立于风雪夜归的街头，远处有一个高大俊朗的身影，正穿越茫茫人海，敞开怀抱向她走来。

1953年7月，在《罗马假日》的首映晚宴上，奥黛丽第一次见到梅尔·费勒。他以派克朋友的身份出席——演员、导演兼作家，派克这样向奥黛丽介绍他。

时年三十六岁、身高188厘米的梅尔出生于美国新泽西州，兼有古巴和爱尔兰血统，在外形上跟派克有些相似，席间也是举止优雅，风度迷人。当晚，梅尔邀请奥黛丽跳了一支舞。

舞池的中央，音乐像流苏一般拂过心尖，她一抬头，就能看到他明亮的笑容和深邃的双眸。舞步旋转、光影迷离，一种微妙的情愫在空气中慢慢发酵，直到一曲终了，意犹未尽。

聊天时，梅尔又赞美奥黛丽在《罗马假日》中的表演台词专业、风格亲切，并提出想与她合作舞台剧的畅想。奥黛丽当即大方地表示：非常期待。

奥黛丽本以为梅尔只是一位萍水相逢的过客，毕竟当时他已经结婚，而她也没有更进一步的想法。至于他提出的合作，也不过是出于客套，就像她进入演艺圈之后听过的很多客套之词一样。

这年的11月，一个暴风雪频繁来袭的寒冬，梅尔突然捧着舞台剧《翁蒂娜》的剧本出现在了奥黛丽的面前，她才知道他是认真的。

与梅尔一起到来的，还有他恢复单身的消息。缘分可遇不可求，但对于梅尔来说，缘分遇到了，他就要求到。他告诉奥黛丽，自从上次聚会一别，他就对她念念不忘，乃至心如少年，魂牵梦萦。于是历经数月的奔波，他终于拿到了离婚判决书，可以自由地追逐真爱了。他希望她能接受他的诚意。

他承诺会给她最好的爱，承诺会一生一世待她如初……

在《翁蒂娜》中，生活在海洋中的精灵翁蒂娜，在一次误闯人类领地后爱上了一名英勇的骑士，骑士也被她的美艳所吸引。但他们的爱情并未长久，骑士很快违背了自己的承诺，移情别恋，最后意外身亡。而精灵也在伤心之下重回海洋，自此不再踏入人类世界。

承诺是什么呢？

每一个人在许下承诺时，都会情发肺腑；每一个人在违背承诺时，也都是迫于无奈。

承诺本身并无对错。

承诺只能告诉我们，当一份感情不再如初，那些滚烫的字句逐渐冰冷，还有时间可以为我们见证，他曾赠你千金不换的坚贞，你曾给他磐石不移的信任，而爱，也确实曾以最好的面目，鲜活又温柔地存在过。

就像翁蒂娜答应了骑士的求爱，奥黛丽也回应了梅尔的追求。她开始试着与他交往，享受他的照顾与爱意，在斑斓的烛光与轻柔的音乐中，他们度过了一个又一个浪漫而迷人的夜晚。接下来，她将出演舞台剧《翁蒂娜》，和她的恋人一起。

1954年1月，奥黛丽在纽约排演舞台剧《翁蒂娜》，这时关于她恋爱的消息也已经传得沸沸扬扬。八卦杂志和媒体纷纷猜测，这位幸运男士能否真正赢得佳人的芳心，他们的这段感情，又能否最终修成正果，更有报纸打出了《奥黛丽·赫本为何会看上梅尔·费勒？》的标题来吸引眼球。

奥黛丽对外界的舆论毫不理会。为了出演《翁蒂娜》，奥黛丽从洛杉矶搬到纽约暂住，梅尔与她一路同行，在这部新剧中，他将饰演骑士一角。

在剧组成员看来，梅尔的身份显然远不止男主角一个。他和奥黛丽很亲密，台上台下都影形不离，虽未明确对外公开，但他们在恋爱，这点毋庸置疑。而关于奥黛丽的一切，从服装到妆容，事无巨细，梅尔都要插手干涉，态度更像是一种控制。另外，对于能够请到奥黛丽参演一事，他也甚为骄傲，继而把自己当成了幕后指导，处处与导演抗衡，比如在公演前威胁导演要带奥黛丽离开，又比如要求编剧临时修改剧本来为他加戏，把气氛弄得混乱又尴尬。

1954年2月18日，《翁蒂娜》在纽约进行首演，剧院座无虚席。但评论界却出现了两个极端：一方面是赞扬奥黛丽，"赫本小姐的表演优雅迷人，对舞台有天生的领悟力""她非常美丽，将翁蒂娜饰演得让人神魂颠倒，她的表演毫不矫揉造作，自然流畅，她有一颗智慧敏锐的心灵"；一方面则是批评梅尔，"男主角是一大败笔""梅尔的表演生硬至极，毫无吸引力，当他抱着女主角时，就像一根木头"。

梅尔的举动更是让剧组反感又无奈。在导演离开纽约后，梅尔居然私自更改原来的安排——本应让奥黛丽单独上台谢幕，却替换成了他与奥黛丽一起上台谢幕，接受观众的掌声。

多年后导演艾佛列德·伦特在采访中说道："《翁蒂娜》能请到奥黛丽来参演，是我们的荣幸，她非常敬业，没有一点儿明星的架子，谦和的个性深受大家的喜爱。而且，她很有表演才华，又学过芭蕾，让整台剧更加优雅。但让我们觉得遗憾的是，男主角没有另请他人。

我们为了让奥黛丽出演,付出了让梅尔来饰演男主角的代价,真是不幸。你们要知道,自大狂是无法胜任骑士的。"

另一位演员也附和道:"梅尔的态度让大家难以忍受……奥黛丽既要包容着他,尽量不去惹他生气,又要安抚众人的情绪,希望排练能顺利进行。真可怕,他对奥黛丽的影响无处不在。他不但干涉她能吃什么东西或者不能吃什么,而且还管着她只能和记者说几句话、说什么话。让人讶异的是,奥黛丽竟然会对他言听计从。"

可见当时梅尔确实引起了很多人的不满。甚至有人把他形容为"名副其实的斯文加利式的人物"——那个英国小说家乔治·杜·莫里耶笔下的角色,用催眠术控制了他的情人。

那么奥黛丽真的被梅尔"控制"了吗?有一组见证他们感情的照片,或许正好可以为这份恋情做注脚:照片的背景是萧瑟的寒冬,他们在野外的公路边欢笑、拥抱,奥黛丽小鸟依人地贴在梅尔身边,笑得非常开心。梅尔则将娇小的奥黛丽整个裹进他的大衣里。奥黛丽的表情在惊讶之余尽显甜蜜温婉,梅尔看起来却稳重得多……就像这份感情,他是主动出击者,一直胸有成竹、胜券在握。

对于奥黛丽来说,无论外界怎样看待她与梅尔的感情,她对梅尔都会保持感激、信任、崇拜与爱。童年时对父亲的迷恋,人生中父爱的缺失,让她有了一个根深蒂固的择偶标准,那就是她喜欢能为她带来安全感、成熟稳重、坚持自我、能够战胜苦难、具有勇士精神的男性。此时的梅尔,自然具备奥黛丽想要的条件。

相恋之初,梅尔就向奥黛丽说起了他战胜病痛的故事。他曾患有小儿麻痹症，就连当地最好的医生也预言他此生会在轮椅上度过，但他偏不认命，每天坚持锻炼，最后凭借坚强的意志恢复了健康。看着眼前英武健壮的恋人，奥黛丽被深深地震撼了。

不久后，梅尔又通过自己的人脉为奥黛丽秘密寻找她的父亲，期望能就此消解她近二十年的心结。虽然很长时间都没有确切消息传来，但梅尔的做法明显获得了奥黛丽发自心灵深处的信赖和感激。

就像对待事业一样，奥黛丽对她的爱情也持有自我牺牲的态度：她渴望温暖，却很少寻觅温暖；她期望付出爱，更多于期望得到爱。

在处理感情方面，她虽然一直小心观望、步步谨慎，生怕落入与母亲一样的婚姻悲剧，却又随时准备飞蛾扑火，孤注一掷，为自己的爱情童话全身心地投入。

欲戴王冠，必承其重

奖杯就像是一件外界为你精心准备的华丽衣服，即便尺码不合，你也要穿在身上，尽量长成他们想要的模样。

如果说奥黛丽与霍尔登之间是因戏生情，那么她与梅尔就是因情生戏了——若不是考虑到梅尔的感受，奥黛丽应该不会在紧张的工作间隙接下《翁蒂娜》。她曾说该剧让她元气大伤——自此之后，她再也没有参演过舞台剧。

《翁蒂娜》演出期间，剧团医生终日随行，据传奥黛丽患上了神经性厌食症，身体消瘦并伴有哮喘，健康状况令人担忧。另外，该剧每周八场的超负荷运作，加上来自各方面的压力，又让她的精神一度面临崩溃。

首先是梅尔的求婚，这位"骑士"迫切地想娶奥黛丽为妻，每天都在等待她的答复。而这时媒体却大肆报道，说梅尔想借助奥黛丽的光芒拓宽自己的演艺事业，就连她远在伦敦的母亲也闻讯赶到纽约。

见到梅尔之后，艾拉明确向奥黛丽表示——她不支持这段姻缘。原因很简单，作为过来人，艾拉深知梅尔这种"骑士"魅力对女人的致命吸引——年轻时的她也曾对他们毫无抵抗力，但在付出两次惨痛的代价后，她认为这种魅力放在婚姻里，根本就是分文不值。

其次是盛名所至，1954年3月25日，第26届奥斯卡金像奖颁奖典礼在洛杉矶的雷电华潘太及斯剧院和纽约的NBC世纪剧院同时举行。这一天，进入提名的奥黛丽正在纽约演出《翁蒂娜》，匆匆谢幕后，她来不及卸妆就直奔世纪剧院。母亲艾拉坐在奥黛丽的身边，与她一起等待名单的宣读。从影像资料上可以看出，奥黛丽心情非常紧张，她咬着指尖，脸上满是恭敬和谦虚，像个等待成绩的小学生。

当主持人念到"最佳女主角的获奖者是……奥黛丽·赫本"时，她不禁惊讶得张大了嘴巴。这时全场的目光都聚焦在了她的身上，随即响起潮水般的掌声。她快步走到颁奖台，衷心感谢评委们的支持和认可："我很高兴能获得这样的肯定，我想对每个人说感谢，感谢帮助指导我的每一位朋友。但我不会因此而懈怠，忘记梦想和职责……我会为成为真正伟大的女演员而努力！"

接着她又把手中的小金人贴在脸上，含着泪光激动地说："特别要感谢的还有格里高利·派克先生，这是他送给我的礼物。"

几年的辛苦耕耘终于迎来收获，就在摘得奥斯卡桂冠不久后，奥黛丽再次凭借《罗马假日》中出色的表现获得英国电影电视艺术学院颁发的最佳女演员奖和美国的金球奖。

3月28日,赫本又以《翁蒂娜》一剧获得了托尼奖。托尼奖是百老汇的最高荣誉,也是全球舞台艺术的焦点,与电影奥斯卡奖、音乐格莱美奖以及电视艾美奖并称美国艺术界四大顶级奖项。

各种奖项纷至沓来,见证了一个属于奥黛丽·赫本的时代。同时,她的经纪人也收到了越来越多的邀约,不过除了慈善类的表演和招募,她一概推掉:"我已经很努力地履行我的职责……但实在是精力有限,如果有人感到失望,那么我很抱歉。"

梅尔为此欣喜若狂,奥黛丽却觉得是一种压力。她私下与朋友倾诉:"奖杯就像是一件外界为你精心准备的华丽衣服,即便尺码不合,你也要穿在身上,尽量长成他们想要的模样。"

重压之下,她选择了用抽烟来缓解,最初只是每天一包,但慢慢地就发展到两包、三包,她的脸色越来越苍白,好在上台时可以用浓重的妆容来掩盖。

《翁蒂娜》的演出持续进行着,有奥黛丽的盛名加持,观众们热情空前。

她成了奥斯卡影后,成了好莱坞璀璨的明星。商场里的模特按照"奥黛丽·赫本"的标准打造,她的照片被装在橱窗里,为时尚代言。不管走到哪里,都有大量的记者跟随,他们向她提出各种各样的问题,无论她回答与否,都会被第二天的报纸头条津津乐道。更有甚者,狗仔们会想尽一切办法偷拍她的生活细节,然后添油加醋地发表。

奥黛丽沮丧地说:"我果然没有隐私了!"

这时的梅尔自然成了奥黛丽的贴身保镖,他对记者的态度可没有奥黛丽优雅,于是记者们也给他送上了一个绰号——"赫本小姐那板着马脸的男朋友"。奥黛丽哭笑不得,梅尔的脸确实很长,但这些记者不会想到,这位"板着马脸的男朋友",很快就会变成奥黛丽·赫本的丈夫。

是年7月,《翁蒂娜》终于谢幕,奥黛丽在梅尔的安排下搬到瑞士卢塞恩湖畔的一家酒店进行疗养。那里群山逶迤、空气清幽,安保工作也很到位,她将不用担心莫名其妙的电话打进来,也不用担心今晚穿的睡衣会出现在明早的报纸头条。

这一次,也是奥黛丽第一次没有听从母亲的意见,她选择了与梅尔一起前往瑞士,女男爵则一气之下返回伦敦——从表面上看,是梅尔迫切地想娶奥黛丽为妻,奥黛丽一直在犹豫,但实际上奥黛丽更爱梅尔,她是那种一旦付出就会倾尽所有的女人。

在瑞士,有专门的医生照看奥黛丽的起居,她的身心恢复得很快。在意大利拍摄新片的梅尔每天都会打电话来陪伴她。但一个人的时候,她总会无比想念梅尔,并强烈渴望平常家庭的温暖。

8月25日,梅尔三十七岁生日到来的时候,奥黛丽特意托人给梅尔送去了一块铂金手表,上面刻了一句诗歌:"爱,让我找到了心中的男孩。"梅尔喜出望外,她竟以如此诗意的方式答应了他的求婚。

而这时《国家》杂志的一位评论员却写出了一篇名为《致奥黛丽·赫本》的公开信,声称被她的《翁蒂娜》打动,且希望她远离大银幕的光环，专一地做好舞台剧表演。

信中写道：

> 好像每个人都在打听你的电话号码……你是他们手中的一颗绝佳棋子，有着独立的思想。然而易卜生老爷爷有言，天赋不仅是一种财富，它还是一种责任。你的事业刚刚起步，正因为这个起步太过华丽，你千万不能因贪恋耀眼的光芒而止步。在塑造角色的时候，你还不懂该如何把外在的表演转化成内在的情感，如果你能保持住自我，不被喧嚣、名气和吹捧蒙住双眼，那么你就能学会如何成为一名真正的演员。要不断地表演，学习，工作……去演有风险的角色，去演有难度的角色，不要惧怕失败！最重要的是，你一定要站在舞台上……有些人会告诉你银幕表演和舞台表演是一回事儿或者有着同等的艺术价值，不要听信他们的话。

奥黛丽看到杂志后，并未过多地辩解，她平静地说："很感谢这位先生的忠言，不过这是别人为我制订的计划，不是我真正想要的。我选择什么样的道路，我都会负责到底。"

经历过心灵的崩溃和修复，她迎来了更为独立的精神世界，愿意承担选择，而不是虚伪地违背自己的意愿。

在此之前，她已经为了爱情，违逆了母亲的意见；在此之后，她同样可以为了婚姻，摆脱掉外界的期待。

卢塞恩湖畔的美丽新娘

没有人可以说服我去做违心的事情,即使是我深爱的丈夫也不例外。

    夏天的飞鸟,飞到我窗前唱歌,又飞去了。
    秋天的黄叶,它们没有什么可唱,只叹息一声,飞落在那里。
    你微微地笑着,不同我说什么话。
    而我觉得,为了这个我已经等了好久。

  曾经,她熟读泰戈尔的诗句,也曾在心中幻想了无数遍这样的场景,某年某月某日某时,有一个人,微笑着将她的手放在他的掌心,然后温柔又坚定地许下婚誓:"我愿意她成为我的妻子,从今天开始相互拥有、相互扶持,无论是好是坏、富裕或贫穷、疾病还是健康,都彼此相爱、珍惜,直到死亡才能让我们分离……"从此,他们可以一起看春天的月光、夏天的飞鸟、秋天的黄叶、冬天的白雪,把四季用来相爱。

1954年9月24日，这一刻终于到来。

在瑞士布尔根施托克的一座古老教堂里，身体已经基本复原的奥黛丽与梅尔举行了婚礼。

摄影师用镜头见证了他们的幸福时刻——奥黛丽头戴白玫瑰编织的花冠，身穿纪梵希设计的白色婚纱，与她的新郎并肩走在山道上，两个小花童在他们身边不断抛撒花瓣……空气中幸福漫溢。

由于新郎工作的关系，这次婚礼置办得很简单，但非常严密。一队瑞士警察在现场为他们保驾护航，当受邀的亲友全部到场后，教堂的大门随之关闭。为了躲避无孔不入的狗仔队，婚礼一结束，新人就钻进了车里，准备前往意大利安享蜜月——而实际上，摆脱跟踪之后的汽车又悄然折回了山中的小木屋，那是他们租住的新房。

就像童话里的场景，小木屋里，洁白的玫瑰散发着芳香，壁炉燃烧出温暖的火光，王子和公主站在窗边享受他们的二人世界，窗外是琉璃一般的天色，卢塞恩湖的碧波将周围的倒影安静地容纳。

三天后，这对新人启程奔赴罗马。梅尔的假期已经结束，他必须赶往剧组开工，而奥黛丽则可以名正言顺地陪伴在丈夫身边，再也不用忍受两地分离。然而一到机场，奥黛丽就吓坏了，成群的记者向他们扑来，并一直不屈不挠地追到罗马南部的海滨小镇安齐奥。

"我们的婚礼很美满，我很幸福，只是很抱歉，其他的细节无可奉告。"最后，奥黛丽表示妥协，留了几分钟任由记者们拍照后便匆匆结束了话题。

梅尔在安齐奥租下了一栋别墅，作为他们的避居之地。奥黛丽很喜欢那里，除了梅尔，还有两名仆人以及一头牛、一头毛驴、两只狗、六只猫、一群鸽子与她生活在一起。

清晨，她可以在花园里读书，看剧本。下午，可以去葡萄园里漫步，享受山脉与海风带来的新鲜空气。黄昏时，她会准时钻进厨房为大家准备意大利菜。一切悠闲惬意，如果时间就此定格，她觉得自己真的过上了童话里的理想生活。

11月2日，这对夫妇婚后第一次公开露面——为阿姆斯特丹的"二战"伤残士兵出席募捐活动，奥黛丽义不容辞。为了筹集到更多的善款，奥黛丽答应在附近的一个百货商店给影迷们签名。但她很快感觉体力不支，影迷们源源不断地拥入商场，疯狂地叫喊着她的名字，为了与她近距离接触，甚至有人砸碎了商场的玻璃，现场一片混乱。

这完全在奥黛丽的意料之外，她当即被吓得脸色苍白，梅尔只能赶紧护送她离开，同时宣布，如果没有完好的安保措施，奥黛丽将不再出席任何活动。

1955年2月，好莱坞传来捷报，奥黛丽以《龙凤配》一片再次获得奥斯卡奖的提名。不过接下来的好消息，对奥黛丽来说才是真正的意义非凡——医生告诉她，她有了身孕，就要做母亲了。

奥黛丽激动极了，没有人知道，她是那么渴望做母亲。她总会想起小时候，母亲带她去街上，她第一次看到婴儿车里的小孩，小孩子的笑脸、清澈的眼睛、皮肤的香气，让她不由自主地想去抚摸、拥抱，给他们最好的关爱……那种爱，她知道，是付出，不是占有。

奥黛丽怀孕了，事业却并未因此停滞。暂居罗马期间，她依旧片约不断，而在好莱坞，她更是当之无愧的巨星，与她相关的一切都被时尚界奉为经典，她也是为数不多的同时享有人们崇拜和爱戴的演员。

在奥黛丽身上，人们不仅能感受到法国式的浪漫，比利时式的坚韧，还能看到英国式的高贵，美国式的热情……她集中了新时代的美好精神，加之战争曾对她的伤害，又总会让人联想到"浴火重生的女神"。而这时的好莱坞正好要选出一位新的电影皇后，光芒四射的奥黛丽便成了最佳人选。

不过奥黛丽认为，此时最重要的事莫过于安静等待腹中新生命的降临。她曾经说过，如果让她在家庭和事业中选择，她会毫不犹豫地把家庭放在第一位。如今她不仅有了家庭，而且有了孩子，就像渴望已久的梦想得以实现，她自然会竭尽所能地去虔诚对待。

怀孕之初，奥黛丽谢绝了一切邀约，她必须全身心地确保孩子的安全。每天，她都会按照食谱增加营养，偶尔也会拜访邻里，带回新鲜的食材。这时的她，由内而外都散发着母性的光辉。

当片约来临时，奥黛丽也总会优先考虑两个因素：第一、她只会在顺利分娩之后投入工作；第二、她想与丈夫一同参演，或是在同一城市参加拍摄。

为此，她拒绝了很多优秀的剧本，这一点不免让评论界为她感到遗憾，于是便有人声称，是梅尔的支配影响了奥黛丽的前程："看起来梅尔是在指导奥黛丽，其本质却是支配，他为她订下的计划，首先考虑的就是自身的利益。"

奥黛丽不卑不亢地辩解道:"难道我一结婚就失去了独立思考的能力了吗?没有人可以说服我去做违心的事情,即使是我深爱的丈夫也不例外。"

但接下来发生的一桩意外,却让奥黛丽差点儿崩溃。

3月的一天,她突然出现了强烈的腹痛,并伴随心神不宁。当医生赶来时,她已经流产了。这无疑是对她身心的一次沉痛打击,险些让她结束生命。

梅尔日夜不离地看护着她,艾拉也从伦敦赶过来安慰女儿,用她那少有的温柔:"孩子还可以再有,请相信我,你已经熬过了战乱,还有什么是你不能挺过去的?"然而世间的痛苦,又有什么能与失子之痛相提并论呢?奥黛丽在床上躺了将近一个月,她不说话,也不愿接触外界的信息——任何涉及婴孩的话题都会让她泪流不止,心痛难抑。

但她必须坚强起来,必须说服自己——就像多年前梦想坍塌时那样,自己把自己从痛苦的沼泽中拉出来:失去孩子让人痛不欲生,但是,只有继续活下去,才能继续孕育生命。而一旦有新生命到来,一切都会不一样,她的遗憾能够得到弥补,痛苦也能够获得转化——转化成对新生命更为深沉的爱,如同失去的孩子又回到了身边。

奥黛丽终于振作了起来。经过一段时间的休养,她准备接拍《战争与和平》。她希望用尽快投入工作来走出流产的阴影,也希望这部大制作的电影能够对丈夫的事业有所帮助。

这部电影由俄国作家托尔斯泰的长篇小说改编，美国导演金·维多执导，奥黛丽担纲女主角娜塔莎，两位男主角则由好莱坞演员亨利·方达与梅尔分别饰演。据说制片方派拉蒙公司投资了数千万美元的经费，为的是能拍出一部令同期电影相形见绌的史诗级巨作。

影片定在7月1日开机，奥黛丽早已严阵以待。为了能自然地表演19世纪的莫斯科宫廷舞蹈，她特意请了老师专门学习；为了能够找到风格与影片背景相符的服装，她数次邀请纪梵希亲赴罗马，与她一同讨论戏服。同时，她又克服了恐惧，学会了骑马，因为必须在拍摄过程中优雅地骑上俄罗斯纯种小马驹，表现贵族女孩的飒爽英姿。导演维多对奥黛丽的表现很满意，他曾宣称，奥黛丽就是娜塔莎，是活生生地从书中走出来的形象。

《战争与和平》在8月的炎夏中拍摄，奥黛丽的戏服却是天鹅绒和皮毛的外套。在一场表现猎兽的场景中，拍摄队伍头顶罗马炽热的阳光，缓慢前行在一片空地上，这时，她的马忽然昏倒在地。工作人员迅速把她从马鞍上解救下来，见她一点儿事都没有，他们不禁打趣道："奥黛丽，你像骏马一样强壮啊！"奥黛丽则俏皮地说："其实我比骏马还要强壮，我并没有倒下，昏倒的是马。"

影片在1956年试映后，并未达到预期的效果。评论界一干毒舌的批评毫不留情，他们声称影片恢宏的气势难掩剧情的失败，人物性格的塑造太过浅显，故事空洞，时间错乱，场景让人觉得莫名其妙……不过对于奥黛丽，他们给予了一贯的钟爱和包容："如果剧情能够适当地调整，奥黛丽的表现应该会更好。""虽然并未完整地表现出娜塔莎饱经世事的心路历程，但她像小鹿一样在窗口出现的镜头绝对值得珍藏。""她身上有一种宁静的光芒，美得让人窒息。"

尽管如此，奥黛丽自身的魅力依旧不足以撑起一部三个半小时的史诗级电影，从惨淡的票房和口碑来看，这部电影是失败的。

不过，对《战争与和平》的成败，奥黛丽无暇感慨，毕竟全心全意地努力过，就不会觉得遗憾。与娜塔莎一样，经历过心灵的毁灭与修复，她将愈加坚强与成熟。而且，这时的她正忙于参加歌舞排练，为接下来的新戏做准备。工作虽繁重，却让她感觉充实，因为她迎来了一个梦寐以求的机会，她的演艺事业也将达到一个新的高度，就像她的新剧剧照那样——一位旋转的舞者，跳跃着张开双臂，如打开双翅的天鹅，即将青云直上，翱翔万里。

第七章

灵魂有香气的女子

奥黛丽的演技和心性都愈加成熟了……在艰难的环境下,她证明了自己是一名真正伟大的演员。

——著名导演　弗雷德·金尼曼

《罗马假日》让观众对奥黛丽·赫本的美丽一见钟情,而《甜姐儿》与《修女传》却是真正触及她灵魂的作品,让她蜕变成了"伟大的女演员",迎来了事业的巅峰。

　　而一个人的灵魂里,通常都藏着命运的隐喻。

　　尽管命运依旧没有放弃对她的打击,却也不曾忘记对她的努力进行嘉奖。她从《甜姐儿》中汲取了乐观的力量,在《修女传》里找到了灵魂深处的光芒,从此,她的整个生命都将被那光源照亮。

与阿斯泰尔跳一支舞

我发现很多人都活在表层，没有意识到拥有生命是一件多么美妙的事情。

奥黛丽从小的梦想是做一位舞蹈家，但她还有一个梦想中的梦想，那就是希望有一天能与弗雷德·阿斯泰尔共跳一支舞。

弗雷德·阿斯泰尔，美国舞蹈界的传奇人物，被誉为20世纪最优秀的舞者，曾在1950年获得奥斯卡终身成就奖。他的舞蹈活力十足又花样百出，在融合时尚温情的个人魅力后，即使到了晚年，独特的风采也是无人能及。

当奥黛丽接到《甜姐儿》的剧本，并得知阿斯泰尔将成为她的搭档时，她毫不犹豫地就签约了。

"我爱这个迷人的故事。"她兴奋地对丈夫梅尔说，"我的梦想之旅就要启航，无比期待这一次激动人心的体验。"

据说为了邀请奥黛丽和阿斯泰尔共同出演，制片方使用了一个惯用的小手段——在接洽奥黛丽时，抛出"已经确定阿斯泰尔出演"的诱惑，然后在阿斯泰尔那边，同样谎称"已经签下奥黛丽"。事实证明，这样的手段的确有效，奥黛丽和阿斯泰尔几乎在同时签下合约。

1956年4月，爱情歌舞电影《甜姐儿》开拍。影片讲述一位纽约格林威治的书店店员被来自巴黎的时装摄影师发掘，继而成为著名模特的故事。从剧情看，这部影片并不出彩，一个类似于灰姑娘的爱情童话，在好莱坞很常见。但全片胜在格调的高雅，气氛的浪漫，歌舞和演员的赏心悦目。

这时的奥黛丽已经有了自己稳定的团队。库尔特·弗林斯，是她在好莱坞的经纪人；亨利·罗杰斯，是负责与外界接洽的公关人；化妆师和发型师是一对夫妻档，他们是为奥黛丽打造了翼型眉的阿尔伯特·德·罗西以及他的妻子格拉西亚；摄影师是曾为她拍下《金粉世界》剧照的理查德·埃夫登；服装设计自然是她钟爱已久的纪梵希。

而《甜姐儿》就是一台奢华的纪梵希服装秀，让整个时尚界为之倾慕并从中获得无数灵感，其中就包括后来电影《时尚女魔头》的场景，还有迈克尔·杰克逊的舞步与造型……

在这场绝佳的视觉盛宴中，奥黛丽更换了几十套戏服，每一个镜头都是经典：卢浮宫前的细腰洋装，放飞彩色气球的梦幻；火车站的蒸汽中毛料套装的神秘冷艳；黑衣黑裤加白袜的搭配，在咖啡吧桌子上跳摩登舞的自由与帅气……戏里戏外，她都是无可替代的模特，在埃夫登充满艺术感的镜头下，美得让人流泪。

当然也可以说，这是一部让奥黛丽"鱼与熊掌兼得"的影片。从初涉银幕时起,她一直想按照自己的意愿拍一部影片,可以自由自在地跳舞唱歌穿衣打扮,又可以获得报酬不用担心被生活所迫。《甜姐儿》就像是为她的梦想量身定制,她也尽可以本色出演。基于这个原因,她从拿到剧本到拍摄完成,都保持了精力充沛的状态。

人们将看到,演员与舞蹈家,两个职业的光芒在她身上交相辉映,芭蕾锻炼了她的体力与耐力,这些都能让她在表演中得到最完美的发挥。

《甜姐儿》的编剧利奥纳德·格许说:"奥黛丽是我见过的最勤奋的演员。她不知疲倦地学习电影中的歌曲和舞蹈。其实作为曾经的舞蹈演员,她根本不需要那样拼命。"

那么她有多拼命呢,大约就是每天工作16个小时后,还会保证早上8点就到片场练习——于她而言,光有热忱远远不够,只有再加上十二分的努力,才能配得上与阿斯泰尔共舞。

很多时候,奥黛丽都像是剧组里的邻家女孩,她没有好莱坞明星的架子,对每一个工作人员都很亲切。但当她换上舞衣,在舞台上尽情旋转时,就变成了十足的气场女王,自带光芒。

那一场在咖啡吧跳舞的戏,她表演得灵气洒脱,奔放不羁,而黑色衣裤加白袜的造型,又让她的中性魅力大放异彩。影片的宣传海报也用了这个场景——"奥黛丽·赫本,连女人都会爱上她!"影迷们尖叫道。

之后的纽约时装协会推选全球十位最迷人的女性,奥黛丽的芳名也在其中。她的名字成了一种风格,就像设计师们挂在嘴边的话:"这样看起来很奥黛丽。""我想更赫本一些。"

据说，最初奥黛丽并不愿意加上白袜子，她认为白袜子会切断线条影响美感。导演斯坦利·多南却坚持要加，他解释，白袜子是用来衬托的，否则，整个人都会被黑色的背景吞蚀掉，连动作都看不出来。奥黛丽极不情愿地走进换衣间，当她走出来时，已经是满脸阳光。拍摄一气呵成，导演则收到一张致歉的字条："我想你的坚持是正确的。"落款为"你挚爱的奥黛丽"。

为了能够更好地领悟爵士乐的精髓，奥黛丽还经常会在收工后光顾巴黎的爵士乐俱乐部，然后在酒店里听着唱片入睡。

后来《甜姐儿》被媒体宣传为年度最好的音乐片，奥黛丽感慨："感谢导演没有用配音，让我的声音真实地保留在影片中，我觉得很感动。"

或许她不知道，大家对她的声音早就爱屋及乌了——像歌咏般抑扬顿挫，进而平缓悠长，像蜂蜜一样醇厚，最后以孩童般的疑问语气结尾，正是她声音的标识。

阿斯泰尔对这位搭档非常满意。1971年，他在自己的回忆录中如此写道："我喜欢《甜姐儿》这部电影，它带给了我愉快的经历，因为有奥黛丽的加盟，能与她在一起工作实在是太幸福了。我可以断言，她是你一见到就会喜欢上的可爱女孩……她真的很出色。"

很多观众都记得影片中的浪漫一幕：阿斯泰尔和奥黛丽在森林中顺流而下，苍翠深林，野花落落，背景中飞出雪白的鸽子和天鹅，整个氛围浪漫得如同水晶童话，不染尘埃。

而当时拍摄的情况却是，在巴黎郊区出外景时，刚好是淫雨霏霏的春天，等剧组到达那片草地，那里早已成为一片泥泞。后来只能用灯烤干地面进行拍摄。

这时率真的奥黛丽不禁脱口而出："为了和弗雷德·阿斯泰尔一起跳舞，我等了二十年，怎么会等来一地的泥泞呢？"她的话把大家都逗笑了，就连久违的太阳也从乌云中探出头来。阿斯泰尔笑道："对啊，我可不想失去与可爱的赫本共舞的机会。"

影片的最后，奥黛丽穿着一套纪梵希的红色曳地礼服从卢浮宫胜利女神像后面走出来，她张开双臂，带着自信的微笑，红色的纱巾因她欢快的脚步而飞扬飘舞。那一刻，不远处的阿斯泰尔刚好按下了快门，将她的美丽定格。

然后，两个相爱的人共同演唱了《如此刻一般美妙》，为整个故事画上一个深情完满的句号：

  你让我的生命如此美妙，
  你不能怪我如此多情……

关于《甜姐儿》对奥黛丽的影响，多年后奥黛丽的儿子写道："我在许多采访中常常被问到，我最喜欢她的哪一部电影……我一直尝试着给一个答案，说出那些我知道她曾经为之付出了个人情感的电影。电影《甜姐儿》就是其中一部。这部电影实现了她与阿斯泰尔跳舞的梦想。毕竟多年来，又一次能够与她最初的挚爱——舞蹈相连，是一桩多么快乐的事情啊！"

《甜姐儿》拍摄完毕后,奥黛丽随即打点行装与梅尔前往瑞士度假。整个假期,她都很快乐。她说:"不要活在当下,那样太过物质。要珍惜当下,我发现很多人都活在表层,没有意识到拥有生命是一件多么美妙的事情。"

的确,生命如此美妙,而快乐本身,就是一种力量。

时间和梦想让奥黛丽走出了失子的阴影,她渐渐变得快乐,容光焕发。"甜姐儿奥黛丽"更是成了她的代名词——无疑,这是生命的嘉奖,也是观众对她最好的认可。

灵魂有香气的女子

我天生就有被爱的需求，同时还有个更强烈的需求——给予爱。

　　暮霭沉沉，长夜将临，浪漫之都的豪华酒店套房里，乐师们面无表情又不厌其烦地演奏着《意乱情迷》，发酵出暧昧无聊的气息。坐在窗边品着香槟的富翁正张网以待，随着"笃笃"的敲门声，一个胸有成竹的微笑浮上面容，你好啊，亲爱的猎物！

　　在电影《黄昏之恋》中，年过半百的富翁因一桩风流情债被私家侦探跟踪，而侦探的女儿——清纯的音乐系女生却对富翁的生活感到好奇。在她年轻的认知里，爱情是远在道德之外的神秘产物，令人期待和憧憬，且越是艰难险阻，越是惊心动魄。于是，她主动去接近富翁，并通过在父亲办公室偷看档案来捏造自己的情感经历来与其约会，制造一次又一次心照不宣却斗智斗勇的浪漫邂逅。她本想用自己的"战术"去攻陷他，却在不知不觉间被他的魅力俘获，变得欲罢不能……

　　1956年8月，奥黛丽重返巴黎，准备《黄昏之恋》的拍摄，这也是继《龙凤配》后，她与比利·怀尔德合作的第二部电影。

影片的拍摄过程很顺利，剧组成员间相处愉快，但如何让男主角看起来更年轻，还是成了一个棘手的问题——当五十五岁的加里·库珀和二十七岁的奥黛丽出现在同一个镜头里时，他们看起来实在不像情侣而像父女。

这时的奥黛丽扮演女大学生尚清新可人，而库珀却远比实际年龄苍老——沟壑纵横的皱纹见证了他九十九部影片的辉煌，沧桑的眼神也将他真实生活中的绚烂情史彰显无遗。所以影片上映时，观众发现，有库珀脸部特写的镜头总让人感觉"遮遮掩掩"，有时是置身在阴影中，有时则利用道具遮挡——比如厚重的窗帘、飘逸的纱幔、门窗或是墙。奥黛丽在戏中依旧是穿着纪梵希设计的服装，把她的清纯可人融合成一种我见犹怜的、让人心神悸动的美。影片中，她与库珀喝着香槟相拥而舞到天明，打着征服的旗帜而步步沦陷却不自知。她与他谈论自己曾经的罗曼史，竟让身边的情场浪子陡生醋意。而最后，他也对她萌生出真爱，就此终结浪迹情场的生涯。

只是这一次，奥黛丽的魅力并未征服所有观众的心。稍微清醒点儿的人都会看出来，她的演技受到了限制，她的表现也不曾点亮整部影片。观众太过期待她能出演更多不同的角色，但显然，在《黄昏之恋》中，她再一次重复了自己，也重复了那个不变的爱情模式——她总是与年长她太多的男演员谈恋爱。

"连吻戏都如此让人尴尬……"电影评论家纷纷抱怨道，"这是一部定位为轻松浪漫的爱情片，虽然加入了侦探情节，却也无法拯救它的寡淡和莫名其妙，结局太过烂俗，过程又让人昏昏欲睡。""这是比利·怀尔德的影片吗？太不可思议了，有失他的水准……""奥黛丽·赫本选择剧本一向谨慎，但这一次确实令人失望。"

至于为何会接下《黄昏之恋》，奥黛丽只字未提。或许于她而言，尽管一再出演同类的角色会感到疲劳，但她信任怀尔德，也希望能够报答怀尔德执导《龙凤配》的成功。在媒体面前，她笃定又谦虚地表示，这一次的拍摄依旧让她很有收获："我收获了大家的友谊，感觉乐在其中，每次收工后，我们都会去摄影棚周边的俱乐部，畅谈到深夜。那是一段非常美好的时光，我很感谢怀尔德先生的选择。"

那么怀尔德呢？他对外界定义的这部"失手之作"同样没有辩解过什么，但在电影上映之后，他说过一句话，大意是"世间不会再有另一个刘别谦了，更糟的是，不会再有刘别谦的电影了"。人们猜测，他的《黄昏之恋》是在向已逝的电影大师，也是他的偶像，著名的讽刺大师——恩斯特·刘别谦致敬。然而《黄昏之恋》的剧中人物行为动机经不起推敲，选角也并不完美，结尾则还显得有些过于庸俗。可见，他虽有诚意，但终究是少了创意。

男主角库珀在戏外同样生性风流，与很多好莱坞女星都传出过绯闻。对奥黛丽，他坦言第一眼自己就被她吸引，但仅限于对可爱女生的喜欢和保护欲。而奥黛丽谈及库珀时，也是怀着一腔的深情和尊敬，称对方是一位有学识有修养的绅士。1961年，也就是在他们合作《黄昏之恋》五年后，库珀因病过世，奥黛丽专程去参加他的葬礼，他的妻子还把他生前的一枚金质芝宝打火机送给了奥黛丽。

《黄昏之恋》杀青后，奥黛丽并未立即离开巴黎。她住在拉菲尔酒店的套房里，和她的小狗一起等待丈夫梅尔。这只小狗是梅尔送给她的礼物，一只约克夏犬，有着滴溜溜的大眼睛和织布机织就似的长毛。奥黛丽很喜欢它，给它取名"出名先生"，整日与其形影不离。

在奥黛丽留下的影像资料中，"出名先生"的出镜率非常高，奥黛丽经常把它抱在怀里，为它扎上好看的缎带。据她的友人们透露，"出名先生"性格暴躁，实在算不上一只好相处的小狗，只有奥黛丽对它宠爱有加，就像对待自己的孩子。

这时的奥黛丽极为渴望成功地孕育生命。在梅尔抵达巴黎后，她与他商议，接下来想休假一年，安心备孕。而梅尔也接到了新的角色，即将前往墨西哥拍摄。奥黛丽会陪在丈夫身边。"我们结婚已经两年了，但我们还没有孩子，一直在努力工作，一直住酒店。家是美好婚姻的必备条件，而在我心里，我希望人生中最好的作品是我的孩子。"

在离开巴黎之前，他们度过了一个浪漫的圣诞节，并拜访了一些友人。与纪梵希相见时，他送给了奥黛丽一份别致的礼物："我的第一款香水，在上市之前以你的名字命名。""这怎么可以！"奥黛丽受宠若惊，接过礼盒后，她欢喜地说，"谢谢你，亲爱的于贝尔，有你的巴黎真是我的福地。"

纪梵希表示，为了报答奥黛丽的知遇之恩，这款香水在1957年只属于她一个人，到1958年才会令其上市，并取名L'Interdit（禁忌）。在纪梵希心里，这个名字代表奥黛丽的无可取代，而这款香水，也有着与奥黛丽相同的灵魂——高贵的女王、可爱的女孩、迷人的女人，三者融合其中，让人陶醉，又不得不止于陶醉。后来，"禁忌"成为赫本最喜爱的香水，但她坚持付钱去买，而不是免费使用，她说："纪梵希可是付钱看我的电影哦！"

奥黛丽为纪梵希拍摄了一组"禁忌"香水的广告，她穿着薄纱，如身洒灵魂的香氛，美丽、优雅、浪漫……她安静又忧伤地望向远方，给人翩翩的浮想。那一组照片后来被无数杂志采用，"禁忌"也与奥黛丽·赫本一起名扬世界。

不被时间消磨的宁静心

付出比获得更容易让人找到内心的满足。

奥黛丽的公关人罗杰斯曾说过:"奥黛丽从来不像别的演员那样想永远当红,在她心里,个人幸福、平静、爱、子女以及与她相爱的伴侣更为重要。"

的确,奥黛丽热爱她的演艺事业,有志气和梦想,但同时也淡泊名利,希望尽量减少工作,有更多的时间与家人相处。

梅尔则不同,他虽颇有才华,却不至于卓越非凡;小有事业,却从未得到过真正的认可。尤其在与奥黛丽结合后,他更是急切地想证明自己,不想被妻子的光芒遮蔽。所以当经纪人弗林斯拿着《魂断梅耶林》的剧本来找奥黛丽和梅尔共同出演男女主角时,梅尔当场就答应了下来。

影片为电视电影,讲述19世纪末的一位奥地利皇储为了爱情与父亲决裂,然后又与恋人双双殉情的故事。1957年1月,新片正式进入拍摄流程,周期前后不到一个月。影片很快播出,但效果不尽如人意,评论家们毫不客气地批评道:"一对'镇定'的主演,在他们的眼睛里,看不到爱情的火花,这样的恋人会选择一起殉情吗?真让人怀疑。"

不管戏中表现如何,在生活中,奥黛丽是如此依恋梅尔。《魂断梅耶林》的工作一结束,奥黛丽就随同丈夫一起去往墨西哥,梅尔将参演由海明威小说改编的电影《太阳照常升起》,她则在附近的乡间别墅里颐养身心。

在电报中,她交代公关人罗杰斯,接下来她将不会参加任何活动,并拟定一年后复出。现在她要尽情享受美好的时光,这里不仅风景幽静,鲜花盛开,每天还能享用新鲜的沙拉、泉水,气温也很宜人,白天有恣意的阳光,夜晚有清凉的山风,她的狗可以到处乱跑,再也不用担心被汽车撞到。

而这时《甜姐儿》也已经上映,好莱坞方面给她寄来了一大包影评资料,告诉她该片大获成功,并打破了票房纪录。

这是振奋人心的好消息,派拉蒙公司忍不住又为她准备了几份合约,但此时远离尘嚣的奥黛丽却显得无比淡然与审慎,她向经纪人弗林斯表示,如果不是"非演不可"的角色,她一概不接。

那什么是非演不可的角色呢?或许接下来的新片会符合她的要求。

弗林斯在电报中说,有一个她从未尝试过的角色,正在等待她的意见。凯瑟琳·休姆所著的《修女传》,曾是1956年的年度畅销书,如今要改编成电影,版权已经拍卖,由华纳兄弟公司获得。作为制片方,华纳将请金牌导演弗雷德·金尼曼执导拍摄,编剧为罗伯特·安德森,而女主角,他们希望由奥黛丽·赫本担纲,片酬虽只有中规中矩的25万美元,但有一个附加条件足以表达他们的诚意——奥黛丽可以获得电影净收入的10%。

据说,最初华纳邀请的是英格丽·褒曼,但褒曼觉得自己年纪偏大,拒绝了这个角色,随后她热情地推荐了奥黛丽:"这位赫本小姐是我见过的灵魂最纯净的女演员。"

派拉蒙公司也同意出借奥黛丽——由于《战争与和平》一片损失惨重,他们这次连竞拍都不愿参加。最终,这部影片成为华纳兄弟公司最受好评的电影之一,票房和口碑的超前成功,让华纳兄弟和奥黛丽双方受益的同时,也让派拉蒙懊悔不已。

奥黛丽之前看过原著,经历过"二战"的她对书中描述的故事深有感触:

比利时修女嘉比·范德玛是一名医生的女儿,投身修道院后成为了修女路加。其间,她被送到医学院学习,毕业后又被派往比利时的殖民地刚果工作,负责照顾麻风病人。多年后,她回到比利时,正值"二战"爆发,她和其他修女们一起协助军队反抗,再次投入工作。基于一位修女的信仰,她在工作时照料盟军,就算对纳粹伤员也是一视同仁。而在战争中,她的父亲却被纳粹残忍地杀害,让她不得不重新审视宗教的意义。最后,她决定退出修道院,还俗做一名战地护士,从此遵循自己的内心,而不是对宗教的臣服。

1957年6月,奥黛丽前往好莱坞与《修女传》的拍摄团队会晤。

除了作家休姆，导演金尼曼，编剧安德森之外，还有一位重要的成员，她是休姆的朋友，也是小说中路加修女的原型——玛丽·路易丝·哈伯兹。玛丽有过长达十数年的修女生涯，她曾在纳粹基地为伤者服务，也曾和休姆一起投身于联合国难民救济机构，后来休姆走上写作之路，而她则继续担任护士。后来，奥黛丽和休姆以及玛丽成为了终生好友，"为心灵行善"的约定，也进一步影响了奥黛丽的人生，她在息影之后，一直以身践行。

奥黛丽能够毫无顾虑地出演《修女传》，其实是因为影片删除了"二战"的具体情节——战争只是背景，路加修女的心灵历练和道德挣扎才是影片真正探索的部分——宗教给人信仰，而心灵的自由又让信仰洗礼重生。

1957年12月底，《修女传》即将开拍，奥黛丽带着"出名先生"再次回到罗马。接下来，她将进入罗马修道院学习，切身体验修女的日常生活，包括如何用拉丁文祈祷，如何熟练地掌控仪式和礼节等。

1958年2月初，《修女传》剧组前往刚果的斯坦利维尔拍摄外景，周期长达一个月。电影场景安排在古老的火车站、落后的村庄、医院、集市、学校和麻风病人隔离区。拍摄条件非常艰苦，刚果的天气长年高温多雨，附近的丛林里又遍布蛇虫，有一次奥黛丽就在餐桌下发现了一条蛇。好在修女的道袍可以抵挡蚊虫，但也燠热难耐，不过能与当地社群亲密往来，又让她觉得疲惫顿消。

在麻风病人隔离区拍摄时，为了表示对病人们的尊重，奥黛丽从不佩戴手套。即便是休息时，她也会像一位真正的修女那样，与病人接触，给予他们帮助。

她喜欢乘坐当地的独木舟横渡扎伊尔河。河水里打滚的河马，树林里抢香烟的猴子，她把它们当成亲密的朋友。所以，当拍到她要离开刚果与身边的野鸟含泪告别时，镜头显得那么真实自然，一切源于她的本性——人若心怀真正的生命之爱，所有的苦难都可以忍受。而且，在整个拍摄过程中，她都能巧妙又稳妥地处理好角色和内心的关系，她不仅有自己的独立意识，更能将路加修女的心路历程诠释得恰到好处。

奥黛丽有坚强的意志、善良的心性，也有柔弱的身体。

2月底，剧组一行回到罗马，继续内景的拍摄工作。这时的奥黛丽却病倒了，她持续发烧，肾脏受到了感染，幸好医生及时抢救，让她渡过了危机。而为了不影响进度，她在身体还未完全恢复的情况下，就回到了片场。6月25日，《修女传》在比利时杀青。奥黛丽再次染上了流感，但她依然带病参加了剧组的晚宴，并谦虚地拥抱了每一位成员，向他们致谢。

1959年6月18日，影片正式在纽约上映。票房创下了华纳兄弟公司的新高，电影院外一票难求，观众们必须提前五个小时去排队买票。这部影片也收获了绝佳的口碑，对于奥黛丽的表演，评论员和观众们的好评甚至超越了《罗马假日》。

她真正成为了一位伟大的演员。她再也不是只会演爱情片的"花瓶"了。她成熟了，演技日益精湛，内心也拥有大海般深邃的内涵。在影片中，她将路加修女的灵气和傲气拿捏得精准到位，让整部影片发人深省，如艺术品般值得一再品味。而且，不管在银幕上还是在生活中，她都做到了形象与灵魂的完美融合：优雅、聪慧、坚韧、果敢、温柔。

如果说《罗马假日》是奥黛丽的成名作，那么《修女传》就是她最贴近灵魂的作品——就连一向对自己严苛的她，也将这部影片视为最自豪的作品，不必借助纪梵希的服装，她终于用演技和心灵征服了观众。

她在探索路加修女人生的同时，也在探索自身。她曾说过："付出比获得更容易让人找到内心的满足。"这种恒久的福分和爱的循环，在饰演路加修女时，她已经得到了切身的体会。尤其是在亲历精神病院和麻风病诊所后，她的内心更趋向于安宁。这个她最为钟爱的角色，不仅让她荣膺演艺生涯中的第三次奥斯卡奖提名，还让她获得了英国影视艺术学院奖和意大利电影金像奖。虽然于她而言，荣誉名望皆为行李，但她也确实得到了更好的礼物——一颗不被时间消磨的平静的心和永恒的爱之信仰。

第八章

总有一天,我会优雅地遇见你

我终于身为人母,就像做梦一样,这个梦我做了许多年,成为现实的感觉无法形容,实在太过喜悦。

——奥黛丽·赫本

孩子是上帝的恩赐,奥黛丽·赫本有了一个新的身份——母亲。相比获得爱,她更愿意给予爱,孩子的到来让爱产生了一个微妙的循环。

《蒂凡尼的早餐》是她产后复工的惊世之作,她向世人证明,奥黛丽·赫本也可以成为银幕上的多面女郎,风情万种。

真正的优雅,不是一味的迁就和取悦,而是拥有大海一般深邃的内涵和韧性,可以坚强如刚,对抗外界的恶意,也可以温柔如水,包容生活中的不如意。

我还是失去了你

我已经失去了你,不会再失去更多了。

1958 年又是忙碌的一年。整个上半年,奥黛丽都在拍摄《修女传》,下半年即将到来,她却不能休息。6 月底,她拖着疲惫的身体到达加州,准备接收梅尔送给她的"情书"——一部名为《翠谷香魂》的电影。故事发生在 17 世纪后期的南美热带丛林。男主角埃布尔为了复仇来到丛林深处寻找宝藏,遇见能与大自然沟通的神秘少女莉玛,在寻宝的过程中,莉玛面临被原始部落的野蛮人当成邪灵处死的危险⋯⋯

早在几年前,米高梅公司就已经买下了小说版权,但一直没有改成合适的剧本,也没有导演愿意接手。这一年,剧本终于到位,梅尔自告奋勇执导此片,在米高梅公司犹豫之际,他承诺——他的妻子奥黛丽·赫本将成为女主角。他声称奥黛丽正好符合他心中丛林精灵的形象,她的眼神不染纤尘,身上有一种不属于凡间的美。于是合约顺利签下。

为了重现小说中的场景，梅尔远赴南美雨林探测拍摄地点，当他到达那里时，发现一切条件都太过恶劣，加之经费不够，根本没有办法实地拍摄。于是他想了一个办法，在雨林里拍摄了很多照片，回到加州卡尔福的制片厂后，依照照片复制出一个热带丛林，期望能达到逼真的效果——翠绿幽深的植被，参天的大树，印第安人的村庄，丛林之河，原始的树皮筏，或真或假的小动物，各种背景和道具一应俱全。

为了表现出小说中莉玛与小鹿心有灵犀的镜头，奥黛丽特意喂养了一只小鹿。奥黛丽很喜欢那只小鹿，她给它起名佩比，每天喂它喝新鲜的山羊奶，把它当成新的家庭成员。好在"出名先生"也不嫉妒它，能与它和睦相处。待小鹿长大一些后，奥黛丽还经常带着它出门购物。小鹿佩比终于认同了奥黛丽，把她当成了自己的妈妈。圣诞节时，奥黛丽专门制作了私人贺卡寄给朋友，是一张他们的家庭成员照，上面写着："梅尔、奥黛丽、出名先生以及小鹿佩比向你问好！"

一切准备就绪，《翠谷香魂》于7月底正式开拍。开拍前，梅尔和奥黛丽发布了记者发布会，声称对该片的寄望很高，整个制作过程都将饱含诚意，而奥黛丽也将有与之前角色完全不同的表现。

但奥黛丽的经纪人弗林斯并不看好这部影片，他私下认为，这不过是梅尔的一厢情愿，因此，趁还没产生消极影响，赶快为奥黛丽签下几部新戏才是明智之举。于是在拍摄《翠谷香魂》期间，弗林斯为奥黛丽张罗了两部影片，一部是《恩怨情天》，另一部则是希区柯克导演的《法官不得保释》。

11月初,《翠谷香魂》长达数月的拍摄终于杀青。梅尔陪奥黛丽返回瑞士的布尔根施托克休养身体——他们已经把那里当成了真正意义上的家。

临近新年的时候,奥黛丽得到了一个喜忧参半的讯息,她怀孕了。她极度渴望能成为母亲,但此时,《恩怨情天》开机在即,她将前往墨西哥拍摄,还有不少骑马的场景,她十分担心对胎儿有影响。

1959年1月初,奥黛丽怀着忐忑的心情向《恩怨情天》的剧组报到。影片将在墨西哥中北部城市杜兰戈附近的马德雷山脉中拍摄,那里热浪滔天、尘土飞扬,奥黛丽将饰演一位骁勇的印第安女孩。

在得知奥黛丽怀孕后,导演休斯顿曾建议她使用替身来完成骑马的镜头。但奥黛丽拒绝了,她希望表现得更专业一些,让镜头看起来更连贯,事实上,她进入演艺圈以来,从未使用过替身。而且身在片场时,她也从未将自己视为孕妇,没有请求过任何特殊的关照。休息时,她还会包裹着头巾坐在片场角落里给腹中的小宝贝织毛衣。"出名先生"与她同行,有时它会抱着毛线顽皮地跑到远处,这时的奥黛丽就会皱起眉头,嗔怪它不懂事,但脸上依旧满是宠溺和温柔。

1月28日,剧组开始拍摄一组骑马的场景,需要奥黛丽骑在一匹没有马鞍的灰色种马身上向镜头慢慢逼近……为了抓拍到最合适的角度,一位工作人员突然站在镜头前挥手示意让马停下,没想到这个举动让马受惊了,它长啸一声,前身骤然起立,狠狠地将奥黛丽弹向空中,转瞬便摔在地上。

奥黛丽疼得差点儿昏厥,她躺在地上,不能动弹,当医生到来时,她第一时间询问的是,胎儿能否保住。医生告诉奥黛丽,她受了严重的伤,四根肋骨骨折,两节脊椎受损,膝盖严重扭伤,很可能瘫痪。

"那么孩子呢?"奥黛丽急切地问。"胎儿太小,可能不会有事,但也不排除损伤……"医生模棱两可的回答让奥黛丽沮丧不安。在梅尔赶来后,她要求回瑞士医治,她太希望得到胎儿平安的消息了。然而无奈的是,瑞士的医生同样无法给她一个确切的结论。

"每一天、每一分、每一秒,我都在想着我的小宝贝,强烈的煎熬将我隔绝于这个世界,我什么都看不到,我什么都听不到,就那样焦虑地度过分分秒秒。"

幸好有玛丽修女的陪伴——她们因《修女传》结缘,相互认同是灵魂世界里最亲近的人。玛丽每天守护在奥黛丽的病床边,为她读书解闷,也用最贴心的话语抚慰她受伤的心。

有了玛丽的照顾,奥黛丽恢复得很快,不到一个月,她已经能下床行走了,而且只要不做剧烈的运动,就不会感到疼痛。因此,在医生的批准下,她由梅尔陪同,再度赶往墨西哥将《恩怨情天》的戏份拍完。休斯顿为她的到来感到震惊,他已经做好了调整剧本的准备,如今看来已经没必要了。好在这一次奥黛丽顺利地完成了拍摄工作,那匹马也很配合,她没再受到一点儿意外的伤害。

3月初,《恩怨情天》杀青,奥黛丽再次回到瑞士,可她无论如何也高兴不起来。她每天都在担忧胎儿的安全,于她而言,在没有得到结论之前,每一刻都过得无比煎熬。

不久后的一天,她突然感觉身体不适,医生闻讯匆忙赶来,但她还是流产了。这个消息就像是晴天霹雳,她当场昏倒,醒来后忍不住失声痛哭:"我不明白,为什么我不能做母亲,是不是我做错了什么?"

如果说奥黛丽真有什么过错的话,也只能说她太过敬业了。经历过这次坠马事件,再次流产的奥黛丽决定,暂时不接受任何片约。她安心在家备孕,直到顺利产下宝宝。痛定思痛,她再也不想为了什么所谓的事业,葬送了做母亲的幸福。

不被囿限的生活，才值得去过

在她的眼神里，我们似乎可以看到更广阔浩瀚的未来。

1959年3月19日，《翠谷香魂》在纽约上映。一如弗林斯预料的那样，这部影片的票房和口碑都败得一塌糊涂。看来梅尔写给奥黛丽·赫本的这封"情书"，观众不怎么买账。大家纷纷表示，剧情太过乏味，让人想半场离席；影片诚意不足，摄影棚无法还原真实的大自然；男女主角根本不像情侣，别说亲吻，连牵手都毫无默契……至于梅尔，更有评论家称他为"史上最不合格的导演"——他的事业由此一蹶不振。

到了6月，终于有好消息传来。由于华纳兄弟公司对《修女传》缺乏信心，影片直到1959年6月才上映。但让他们没想到的是，影片居然票房大卖，甚至一票难求。如此，《修女传》的成功便拯救了《翠谷香魂》的失败。夫妻俩在情绪的低谷中总算得到了一份有力的安慰——该片不仅为奥黛丽·赫本再次收获了人气和好评，让她在好莱坞的地位无可撼动，同时也将为她带来票房利润十分之一的分成——这也是赫本有生之年最大的一笔片酬。

这时期拍摄的一些大片都希望得到奥黛丽·赫本的青睐，其中就包括《埃及艳后》和《西区故事》，但赫本一概拒绝，就连之前签下的《法官不得保释》，她都决定解约。这部影片的导演希区柯克曾给她看过最初的剧情概况，当时她觉得并无不妥。这年11月，希区柯克将包含详细的场景与对白的最终剧本寄过来并敦促她履行合约时，她才发现剧情已经大相径庭。影片中有许多暴力惊悚的镜头，比如被拖进公园强暴以及被领带勒住脖子，被床单蒙住头等。痛恨暴力的赫本无法接受这样的剧本，而且她当时的精神状态也不适合出演这样的影片。

《法官不得保释》的剧本是为赫本量身定制的，赫本的拒绝意味着这部影片的流产，怒不可遏的希区柯克当着弗林斯的面愤然撕碎了合约，他指责奥黛丽·赫本蓄意违约，并放言以后与其老死不相往来——事实上，希区柯克并没有获得违约金，因为奥黛丽·赫本给出了一个让他不得不放弃诉讼的理由——她再度怀孕了。

奥黛丽等来了人生中最美妙的时刻，她如愿以偿地再次怀上宝宝，内心的欢悦和幸福冲淡了一切工作上的不愉快——不管是之前与希区柯克的解约，还是之后《恩怨情天》的败北。

1960年4月，《恩怨情天》如期上映。对比《修女传》的魅力，两部影片简直就是冰火两重天——《修女传》获得奥斯卡奖的八项提名，而《恩怨情天》的票房却冷清得让人唏嘘。而对于三十一岁的奥黛丽·赫本来说，眼前任何的悲欢荣辱，都不能限囿她的生活。这时的她住在布尔根施托克的别墅里，安静地等待宝贝的降生。冬天，窗外有漫山遍野的白雪；夏日，有清凉的空气灌满阁楼。她就像一个最普通的小妇人，每天为孩子织毛衣，布置婴儿房，心怀憧憬，不问世事。

7月17日是一个灿烂的星期天，一场暴风雨过后，金色的阳光降临大地，卢塞恩医院的产科诊所里，奥黛丽顺利诞下一名男婴。远在美国的玛丽修女发来了第一份贺电："我们请了所有的修女来为小宝贝虔诚祈福，衷心为你们感到欢喜。"

奥黛丽终于迎来了人生中最重要的"角色"，一个梦寐以求的身份：母亲。的确，就像做梦一样……这个梦她做了许多年，很小的时候，她就梦想成为母亲，能够给孩子全部的关爱，如今真的成为了现实，她怎能不激动？

为了避免被记者和狗仔队打扰，公关罗杰斯给夫妇俩出了一个主意，建议他们暂时住在医院里。梅尔每天陪伴在妻子的身边，产后的奥黛丽还很虚弱，但她不愿意与孩子分离片刻。有时保姆抱着孩子去洗澡，她也会担心孩子被坏人绑走："我的孩子呢，他去了哪里？"

两个月后，在他们当初举行婚礼的古老教堂里，小婴儿身穿纪梵希设计的洗礼服正式接受洗礼，同时牧师为他命名——肖恩·赫本·费勒，意为"上帝的恩赐"。

有了肖恩之后，奥黛丽一心只想陪伴在孩子身边，给他完满无缺的母爱。同时，她也意识到，为了肖恩，她应该尽全力维护婚姻，为他创造一个好的成长环境。但她的职业是个演员，为公司履行合约是她的义务，她必须尽快规划好产后复出的工作。而且梅尔的事业一直不温不火，即便只是单纯为了赚钱养家，她也得继续拍戏。不过这时无论成功与否，电影显然已在她的生活之外，只要和孩子在一起，她才能回归最真实的自己。

经纪人弗林斯依旧坐镇好莱坞为奥黛丽甄选片约，"影后奥黛丽·赫本产后即将复出拍戏"的消息，经常会登上报纸头条。如此一来，影迷们也被吊足了胃口，无不翘首期盼她有新的作品出现。

1961年春天，奥黛丽有了第一次三口之家的旅行。梅尔前往罗马参加吸血鬼类型影片《血与玫瑰》的拍摄，奥黛丽正好带着半岁的肖恩同行。

在罗马，产后的奥黛丽受到了隆重的欢迎，人们把她当成罗马城的精神象征，将她视为最美丽高贵的宾客，就连小孩子们也会围着她签名。而作为母亲的新身份也让她看起来更具魅力。她神采奕奕，热情可人，笑容里尽是初为人母的满足与温柔……一如时尚摄影师塞西尔的最新评价："产后的奥黛丽还是精灵的容颜，却多了一种新型的女性风韵，在她的眼神里，我们似乎可以看到更广阔浩瀚的未来。"

总有一天，我会优雅地遇见你

月亮河，宽不过一英里，总有一天，我会优雅地遇见你。

黎明时分，彻夜未眠的路灯衬托着都市的繁华与宁静，女主角霍莉从一辆黄色的出租车里优雅地走下来，她穿着一套黑色的舞会礼服，盘着头发，颈上挂着层层叠叠的珍珠项链，戴着优雅的长筒手套，手里却拿着一袋廉价的早餐。她径直走向蒂凡尼珠宝店，流连在透明的橱窗边，一边旁若无人地吃面包，一边对着里面的珠宝想入非非。没有人看得清她的表情，一副大墨镜遮住了她的脸……

1960年春，《蒂凡尼的早餐》的剧本到达奥黛丽·赫本手上。但那时的奥黛丽却有些犹豫，最直接的原因是她担心自己性格不够外向，怕演不好"霍莉·格兰特利"这个角色。

在电影中，霍莉·格兰特利是从德克萨斯州来到纽约寻梦的年轻女子，她与一只流浪猫一起寄身于繁华都市的出租屋里，每当夜幕降临时，她就会穿上优雅的礼服，戴上仿制的珠宝，化身为貌美的高级应召女郎,周旋在形形色色的有钱人身边……

得知制片方即将邀请奥黛丽·赫本来饰演霍莉一角时,《蒂凡尼的早餐》的原著作者杜鲁门·卡波特毫不客气地抗议道:"我书中女主角的原型不应该是玛丽莲·梦露吗?美丽、性感、自恋,人见人爱的金发女郎,她来演一定会非常棒。奥黛丽·赫本,她虽然优雅迷人,也是我最喜欢的人之一,不过抱歉,她真的不适合这个角色。"

但玛丽莲·梦露当时已有合约在身,派拉蒙想要借用她,势必要付出一笔昂贵的费用。而且,导演布莱克·爱德华兹坚持要用奥黛丽·赫本,他拍着胸脯向卡波特保证,通过他的指导和拍摄,影片中的霍莉一定会适合赫本,他更有信心让观众们都爱上赫本版本的霍莉。

在爱德华兹的劝说下,奥黛丽很快决定出演。奥黛丽开始试着去理解霍莉的浮夸与虚荣,理解那种在大城市中辛苦过活的小人物的悲欢。奥黛丽对朋友说:"其实我不用到什么地方去体验生活,也不必借鉴什么生活经验,我只要回忆一下很多年前初到伦敦的日子就可以了。"

那时奥黛丽的确做过很多兼职工作,经常会为了多拿一份工资忙到连吃饭的时间都没有。有一次,她和一些女孩被邀请参加一场舞会,她们兴奋极了,却不是因为要去跳舞出出风头,而是那里会供应一顿美食。终究还是年轻,知晓未来有众多可能,暂时的贫穷与窘迫都不能囿限什么,更不会被命运轻易击倒。

是年秋天,影片在纽约的第五大道上正式开机。这一次与奥黛丽搭戏的男演员名叫乔治·佩帕德，很难得，他是继《翠谷香魂》后第二位与奥黛丽年龄相仿的搭档。当佩帕德得知能与奥黛丽搭戏时，他激动得彻夜未眠："她平易近人，不像许多大牌明星那样，等到要拍摄了才来现场，她是那样谦和勤奋……她美丽的外表下，住着一个温柔的灵魂。"

影片的最后，他们演绎了经典的一幕：霍莉遭遇伤害和抛弃，终于忍不住崩溃大哭，却依然不愿接受男主角的爱，依然害怕被爱关在笼子里。"你自称野性不羁，却怕别人把你关在笼子里，你已经身在笼子里了，是你亲手建起来的，它不受地域所限，它一直紧随着你，不管你往哪里去，你总受困于自己。拿着，这个（在蒂凡尼刻字的戒指）我已经带在身上好久了，我不想要了。"保罗的一番话就像片中的大雨，劈头盖脸，把霍莉彻底淋清醒了。如果不相信爱情，就不会拥有爱情，原来自己的心才是最大的笼子。她接受了他的戒指，与他在雨中相拥亲吻。这时浪漫的音乐恰到好处地流泻开来，影片悄然拉上帷幕。

1961年10月，《蒂凡尼的早餐》在纽约上映，票房大卖。评论界将其称为奥黛丽·赫本的惊才绝艳之作，职业生涯永远的参照点，直至今日魅力依旧经久不衰。就连片中与奥黛丽·赫本一起出镜的纪梵希小黑裙、长烟斗、墨镜，同样成为时尚界最具赫本风格的象征。

2006年，影片中那件著名的小黑裙在伦敦佳士得拍卖行进行拍卖。那件礼服价格被越抬越高，最后以40万英镑一锤定音，全场转瞬沉寂，然后掌声如潮，久久不散。

对于时尚界和所有的女人来说，这件服装具有标识性的地位。纪梵希的这件得意作品以顶级的意大利绸缎裁剪制作而成，甚至不用模特身材就可以立体起来的版型，不仅浓缩了一个时代的流行元素，更代表了无数女人的优雅梦想和对时尚永无止境的追求。然而奥黛丽·赫本的这款经典造型，后世之人再也无法复制，唯有怀念。

《蒂凡尼的早餐》成功了，奥黛丽·赫本再次为好莱坞创下一个票房传奇。该片获得了包括最佳女主角在内的五项奥斯卡奖提名，奥黛丽在片中演唱的《月亮河》也获颁最佳原创歌曲奖。不久后，奥黛丽·赫本又因霍莉一角获得意大利大卫奖最佳外国女演员奖。在罗马领奖时，她受到了总统安东尼奥·塞尼的接见，全程尊享王室之礼。在招待宴会上，安东尼奥对奥黛丽说，他深爱着那首《月亮河》。

> 月亮河，宽不过一英里，
> 总有一天，我会优雅地遇见你。
> 哦，织梦的人啊，那心碎的人，
> 无论你将去何方，我都会追随着你。
> 两个流浪的人，想去看看这世界，
> 宽阔的天地如此美丽。
> 我们在同一彩虹的末端，凝望着彼此，
> 我可爱的老朋友，月亮河和我……

曾有评论家认为，让影片中的拜金女霍莉变得纯真应该归功于作曲家亨利·曼西尼的这首《月亮河》。霍莉头戴浴巾坐在消防通道里抱着吉他弹唱的经典一幕，曾让无数观众感动不已：轻柔忧伤的旋律，奥黛丽独特的略带沙哑的嗓音，浪漫的幻想，美好的渴望，令这首歌产生了难以言表的韵味，它萦绕在耳际，让人涌起月光一样的温柔和惆怅。于是，人们原谅了霍莉的自私、贪婪、浮华以及道德盲的一面，转而喜欢上了她乐观、可爱、纯真、洒脱无畏的一面。当她躲在保罗怀里轻轻啜泣时，心底会生出强烈的保护欲——她就像一只流浪在大都市的无名小猫，没有人愿意看到她受到伤害。

亨利·曼西尼曾在报纸上撰文说，一首优美动听的歌曲，不仅需要寓意隽永的歌词，更需要扣人心弦的旋律，而这首《月亮河》的灵感，正是来自于奥黛丽给他的印象。曼西尼声称奥黛丽身上有一种清淡的忧伤，那是属于她的特质，赋予他灵感之光，也让歌曲散发出迷人的光芒："迄今为止，这个世界上可能有超过一千人翻唱过这首歌，但毫无疑问，没有人比她更能够体会这首歌曲的含义以及旋律中所蕴含的感情，也没有人能够把这首歌曲表现得比她更传神。"

而在1961年的春天，派拉蒙的制片人在观看试片时，却想删掉这首歌。是奥黛丽坚持留下，她情绪激动，从椅子上弹起来说："除非我死掉。"幸好有奥黛丽的坚持，影片才不至于黯然失色。后来她提及原因，大意是因为这首歌表达了她内心深处的渴望。"织梦的人啊，心碎的人"，一曲《月亮河》，她唱的是寻梦的霍莉，更是织梦的自己。她是一个爱织梦的人，不畏惧天黑与路长，却害怕心伤与梦碎。命运埋下的伏笔，她诠释得令人感动，是演技加持，更是真情流露。

如今，在纽约第五大道蒂凡尼的专卖店里，依旧可以听到《月亮河》，奥黛丽的声音一如从前，宁静、忧郁、温柔、永恒。这首歌就像是蒂凡尼流动的招牌，在奥黛丽逝世后，蒂凡尼专门制作了一期赫本风格的广告，用以纪念"我可爱的老朋友"。奥黛丽除了在影片中与蒂凡尼亲密接触外，她还曾在蒂凡尼订购过很多次礼物。据说有一次她去蒂凡尼取礼物时，一位新来的店员问她："请问您有什么证件？"奥黛丽摘下太阳镜，用她的迷人笑容回答："我的脸。"

第九章

生活总会有不如意,我很好

(赫本是)敏感、安静、可爱、保守的大女孩……在她柔弱的外表下,有着钢铁般的意志。
——"百年来最伟大的男演员"第二名
加里·格兰特

每个走进婚姻的人心里都有一个爱情童话："王子和公主从此过上了幸福的生活。"然而现实总是不够完满，生而为人，最难就是求仁得仁。

奥黛丽·赫本的婚姻同样陷入了困境，她为之努力，却依然徒劳。只叹这世上，唯有爱不可打拼。

"世界上只有一种真正的英雄主义，那就是在认清生活的真相后依然热爱生活。"生活如棋，不仅需要落子无悔的豁达，更需要重建河山的勇气。与其懊悔，不如珍惜所拥有的，放手已失去的，然后微笑面对即将到来的。

快乐就是健康加上健忘

我听过这样一句话：快乐就是健康加上健忘。我试着去做后，发现这是一个让人信服的真理。

19世纪初的苏格兰曾发生过一起真实事件：在某个城市郊区的私立学校，有两位私交甚好的女教师突然被一名学生指控为同性恋。控词很快发酵、传播，继而轰动全城。学校名誉毁于一旦，两位女教师也只能背负着无形的枷锁远走他乡……后来，美国女剧作家莉莲·海尔曼根据这起事件创作了戏剧《双姝怨》，于1934年在百老汇首演。

到了20世纪60年代，道德观不再保守，"性自由"迅速兴起，前卫成了电影的主流。在这样的环境下，大导演威廉·惠勒打算执导《双姝怨》，并邀请奥黛丽来担纲主演。

1961年5月，奥黛丽从瑞士的家返回好莱坞拍摄《双姝怨》。继《蒂凡尼的早餐》中的应召女郎之后，她将再次挑战自己，饰演同性恋教师凯伦。另一位女教师玛莎，由小她五岁的雪莉·麦克雷恩饰演。

电影剧本到达她手上时已经被改编过，但整个脉络还是很大程度地忠于原著：凯伦和玛莎是一对密友，大学毕业后，来到一所私立学校分别担任正副校长。时间慢慢流逝，她们情比金坚。学生玛丽从小娇惯，性格乖僻，在一次犯错遭到校长的惩罚后，她决定报复。她告诉祖母，她看到凯伦和玛莎接吻，她们的关系并非朋友那么简单。披着所谓"孩子不会说谎"外衣的谎言，她们的关系很快成为公开的秘密，学校的声誉也受到了牵连，凯伦和玛莎的人生更因此遭到毁灭性的打击——凯伦的婚期被无限期搁置，玛莎则选择了自杀。

拍摄历经一个季度，影片于8月份杀青，又匆匆赶在圣诞节前夕上映，但反响平平。可见，惠勒希望标新立异，又不得不处理得小心翼翼——考虑到明确的同性恋情节不能通过审查，只能忍痛把其中一些玛莎对凯伦表达缠绵情意的镜头剪掉。所以，观众无法理解，便不能认同。评论界认为，惠勒显然宝刀已老，他过时的执导手法并未准确地投合年轻一代的口味，整部影片气氛凝重，描述手法隐晦，没有强烈的情感，也没有对人性和爱情进行深挖；相反，他把视角放在了同性恋与社会的关系上面，但处理方式又脆弱得不堪一击。

但无法否认的是，片中的几场内心戏的确感人肺腑、撼动心魄。那个学生的谎言引爆了玛莎原本压抑在内心深处并不自知的爱，也让凯伦重新审视自己的情感：

我要如何忍受你的触碰，

我要如何忍受你的凝视……

语言终究是轻浮的，一个深沉又疼惜的眼神足以说明一切。玛莎自杀后，凯伦发现了尸体，她先是崩溃得尖叫，泪水潸然而下，随后又绝望地闭上眼睛，隐忍地抽咽，有谁能明白那种永失我爱的痛彻心扉呢？

对于奥黛丽·赫本的表现，《时代》周刊给予了一贯的赞扬："她光用那张迷人的脸就可以表现脆弱与坚强，水汪汪的眼神惹人爱怜且洞悉一切，微微向前的下巴又显露出内心的倔强。"而在日后的几十年里，奥黛丽都很少提及这部影片，就连与其相关的一些海报和照片她也没有收藏，就像记忆的选择性遗忘——因为她在拍摄过程中，发生了一些不愉快的经历。

首先，是小狗"出名先生"在洛杉矶的日落大道上出了车祸。当时奥黛丽正在摄影棚中工作，突然有人喊道："'出名先生'跑出去了！"她急忙追出去，却听到了一声尖厉的刹车声，"出名先生"已经被摩托车轧死了。失去了"出名先生"后，奥黛丽悲伤得难以自持，整日精神恍惚，严重影响了拍摄进程。闻讯赶来的梅尔又给她买了一只约克夏犬，它跟"出名先生"长得一模一样。奥黛丽见到它后，心情才平复下来。她把新来的小狗当成了复活的"出名先生"，对它愈加宠爱。

其次，在拍摄《双姝怨》期间，奥黛丽出现在媒体面前时总是显得很憔悴，厚实的衣物也掩饰不了她的消瘦。独处时，她也经常烟不离手。于是有一些记者开始捕风捉影：是不是奥黛丽与梅尔的婚姻出现了裂痕？奥黛丽很快否认，梅尔同样在闪光灯下表现得与妻子恩爱有加，就像他们异口同声宣称的那样，夫妻感情很好，不过是因为工作的原因聚少离多。

事实真是如此吗？

与其有着密切联系的公关人罗杰斯曾透露，奥黛丽和梅尔的婚姻并不幸福："这不是秘密，奥黛丽很少有真正快乐的时候，除了跟肖恩在一起。她爱梅尔远胜于梅尔爱她，他们的思想一开始就不同步，这一点我和她其他的朋友都知道。虽然她从未抱怨过，但眼中充满了忧伤。"

可罗杰斯说的还不是全部。

自拍摄《翠谷香魂》之后，梅尔的事业就一直在走下坡路，他已年过四十，虽然雄心勃勃，却始终成绩平平，看来翻身无望。而奥黛丽的事业正如日中天，她片约不断，获奖无数，光芒明显盖过了丈夫。梅尔也曾苦恼地抱怨，他与奥黛丽在一起时，人们不会多看他一眼，就连那些辗转来找他谈剧本的人，也是虚情假意——他们真正的用意，不过是为了接近奥黛丽。至于他，不过是那些人眼中"过河的桥""钓鱼的饵"。

梅尔在妻子面前光彩尽失，但在一些初出茅庐的新人面前，他却是集才华与地位于一身的明星绅士。《双姝怨》拍摄期间，就有记者拍到他与不同的影视女郎成双入对的暧昧情景。然而面对奥黛丽的询问，他什么都不肯承认："那都只是照片而已，我们什么事都没有发生。"

奥黛丽骨子里是传统的女人，她一直希望能与梅尔白头偕老，尤其有了孩子以后，更是不想让孩子面对父母分离的孤苦。所以当婚姻出现问题时，她会第一时间从自身寻找原因。在事业上，她尽可能地帮助丈夫；在生活上，她也尽量抽空陪伴他。

"我听过这样一句话：快乐就是健康加上健忘。我试着去做后，发现这是一个让人信服的真理。"

《双姝怨》杀青后已经入秋，在接下来差不多一年的时间里，奥黛丽都带着肖恩随梅尔四处辗转。梅尔有一部戏需要在罗马完成，另一部的拍摄地则在巴黎。空闲时，他们就回到瑞士的别墅度假。是时，她的身体看起来恢复了一些，体重在增加，脸上也有了神采。她推掉了一些可有可无的片约，除非必须去拍，其余的时间，她都花在了家人身上。虽然这只是忙里偷闲的快乐，但可以陪伴爱人，可以看着孩子一天天地长大，有她想要的幸福——哪怕是生长在假象中的幸福，便也再无他求。

这世上，唯有爱不可打拼

我已经努力，但我太痛苦了，我不想再这样拖延下去了。

奥黛丽曾说过，巴黎是她的福地，因为她在那里认识了纪梵希。而此次就要见到纪梵希了，她的心情却有些低落。

在纪梵希的门店里，"禁忌"香水一直畅销。世人皆知，这款香水是纪梵希为奥黛丽·赫本量身定制的，她的照片和香水联系在一起，就是最好的广告。但梅尔认为，在这件事上，纪梵希占了大便宜。他跟罗杰斯抱怨道："纪梵希实在是太小气了，奥黛丽买他的衣服，从来没有折扣，而那款香水，谁都知道为何畅销，他却没有支付一分钱的酬劳！"按照梅尔的吩咐，罗杰斯专程赶到巴黎找纪梵希商谈，希望纪梵希能向奥黛丽支付一定数额的代言费。纪梵希没有多说什么，答应得很干脆。

这件事很快被奥黛丽知道了——罗杰斯从未见过她那么生气的样子，她声音发颤，伤心地大声说道："发生这样的事，你要我如何面对朋友？你们不会明白我和纪梵希的感情，我们之间不需要用钱来证明与衡量！"听闻这一番话，罗杰斯惭愧地向奥黛丽道歉，恳请她的原谅，奥黛丽叹息了一声，与他和好如初。

只是接下来又发生了一件事，让奥黛丽再次感到失望。

戛纳电影节的负责人罗伯·法布尔·勒·布亥想找奥黛丽担任开幕典礼的嘉宾。罗杰斯本不想让奥黛丽参加，他考虑到奥黛丽这次没有作品参展，没有在开幕典礼上宣传的必要。但梅尔不这样认为，他找到罗杰斯说："勒·布亥可是个大人物，你要权衡清楚，多卖一个人情不是坏事。"于是罗杰斯与勒·布亥商议，为了让奥黛丽师出有名，看能否另设一个奖项颁发给她。然而勒·布亥却误解了罗杰斯的建议，他对外宣称，奥黛丽的公关人趁机要挟他，让他为奥黛丽的出席另设奖项。

舆论之下，奥黛丽难过极了，她哭着打电话告诉罗杰斯："我们的工作关系到此为止了。这些年你的付出让我非常感激，但你不知道我有多么厌倦这样的事……"

解雇罗杰斯后，奥黛丽再也没有聘请过公关人——对于罗杰斯的委屈，她自然心如明镜，当时，奥黛丽之所以解雇公关人，是因为还没有做好准备"解雇"丈夫。

1962年6月，为了履行与派拉蒙之间的片约，奥黛丽独自抵达巴黎为新戏做准备。

影片名为《巴黎假期》，奥黛丽将饰演一位好莱坞著名编剧的女秘书，戏服依然由纪梵希提供。影片开拍前夕，奥黛丽亲自去拜访了纪梵希："关于'禁忌'代言的那件事，我想我还欠你一个当面的解释……"纪梵希用一个温暖的微笑化解了她内心的担忧："我们之间不需要任何解释。"他总是能在她表达之前就读懂她的心思，所以他可以守护她的脆弱，也愿意尊重她的倔强，更能够做她最贴心的知己。

不久后，奥黛丽闻讯瑞士家中遭遇了盗贼，她的一些珠宝首饰都被窃走，就连奥斯卡奖杯也没能幸免。好在一段时间过去，奖杯在郊外被人找到，奥黛丽风趣地对朋友说："看来这位小偷先生在全瑞士都没有找到销赃的地方。"但她马上又有了新的忧虑，担心肖恩被人绑架。那几年绑架勒索案时有发生，她和梅尔都在外拍戏，肖恩由保姆带着，她每天必须打上十几个国际长途，亲耳听到儿子喊"妈妈"后才能安心投入工作。而这时一些报纸又再次传出她与梅尔婚姻触礁的信息，更是让她心烦意乱。

《巴黎假期》好像注定是一部不省心的影片，整个拍摄过程都很不顺利。男主角是与奥黛丽有过一段短暂情缘的威廉·霍尔登。多年未见，他依旧对奥黛丽心存念想。但显然，奥黛丽对他毫无余情，也不愿与他有任何工作之外的纠葛。于是，霍尔登为了麻痹自己，整日酗酒，严重拖延了拍摄的时间，最严重的时候，还被送进了戒酒所。有一次晚上，他还借着酒力爬上了奥黛丽房间外的一棵大树，凑到窗边对佳人强行一吻，吓得奥黛丽连声尖叫。

10月初，《巴黎假期》在拖沓中终于杀青。派拉蒙的高层们在观看完试片后，都认为拍摄得并不尽如人意。影片延至两年后上映，依旧反响平淡，奥黛丽·赫本在影片中表现出的喜剧天赋也未被当时的观众所认可。

而纵观奥黛丽·赫本的演艺生涯，她若是有一部票房恰逢低谷，那么接着就会有一部叫好又叫座的作品出来扳回一局。《巴黎假期》不被看好,坐镇好莱坞的经纪人弗林斯自然会设法补救。他深谙观众的健忘性格,他们会因为《修女传》而忘了《翠谷香魂》,会因为《蒂凡尼的早餐》而忘记《恩怨情天》,如今,一部《谜中谜》,也尽可拯救《巴黎假期》。

时间紧迫,《谜中谜》在10月中旬就得开拍,奥黛丽还没来得及回瑞士看望肖恩,就匆忙投入了工作。这部影片为悬疑喜剧,拍摄地点设在巴黎和法国境内的阿尔卑斯山。在影片中,美国少妇瑞吉娜·兰伯特打算与有钱的丈夫离婚,却发现丈夫已经遇害,且未留下任何遗产。为了追查丈夫的死因,她请偶遇的绅士彼得·乔舒亚帮忙,结果发现丈夫生前贪污了一笔战时赃款,而她也被卷入凶险的层层谜局中。

有意思的是,奥黛丽·赫本与男主角加里尚未谋面就默契十足。在拍摄过程中,奥黛丽对加里的评价是"睿智、优雅、平易近人的朋友,又有恰到好处的保守",加里对奥黛丽的印象则是"敏感、安静、可爱,保守的大女孩……在她柔弱的外表下,有着钢铁般的意志"。

加里虽然已年过五旬,但魅力依然,是很多女观众心中浪漫优雅的银幕情人。奥黛丽记得,她第一次和加里见面是在巴黎一家餐厅里,因为紧张,她撞倒了一杯红酒,结果弄脏了加里的西装。不过加里一点儿都没有生气,反而亲切地让她不要介意。后来在拍摄过程中,加里向导演提议,把他和奥黛丽见面的一幕加入到影片中,于是就有了男主女角在河边漫步时的温馨场景——奥黛丽不小心把冰激凌洒在加里的衣服上,加里依然柔情满溢。

男女主角性格的投契让影片的拍摄顺风顺水,大家都很有信心拍出好的作品来。《谜中谜》上映后，票房果然一路飘红，成为当年最卖座的电影之一，观众们都被趣味十足的情节和浪漫的爱情迷住了。接下来，该片又为加里和奥黛丽·赫本赢得了金球奖的提名，也让奥黛丽·赫本获得了英国电影电视学院颁发的最佳女主角奖。

只是生活远没有事业顺心。

1962年冬天的巴黎气温极为寒冷，因为拍摄经常要进行到深夜，奥黛丽就近搬进了拉菲尔酒店，而来到巴黎的梅尔却下榻在奥黛丽拍摄《巴黎假期》时租住的一处城堡里。这无疑给了无孔不入的记者们一个现成的话题，他们在报纸上大肆猜测，这对夫妇感情不和，已经到了分居的境地。就像《谜中谜》里面的台词："我要离婚了……他是我唯一的丈夫。我试图挽回，我已经努力，但我太痛苦了，我不想再这样拖延下去了。"

人生如戏，戏如人生。敏感的奥黛丽在表演这一幕时，又怎能不触景伤情？尽管她与梅尔并没有刻意分居，但也确实恩爱不再。在她心里，婚姻的职责也是爱的职责，应该全心全意，永无止息。

然而婚姻从来就不是一个人的事。婚姻不像工作，工作你可以单枪上路，匹马孤征，只要你有足够的实力，就可以攻城略地。而一份感情如果有了裂痕，对于试图挽回的人来说，就是一场腹背受敌的持久战，你必须不断追赶对方，又必须不停妥协自我，直至心力交瘁，心神俱损。

在这世上，唯有爱不可打拼。这个道理，奥黛丽不会不懂。或许这时给肖恩一个完整的家庭，不让他面对自己小时候那种家庭分散的痛苦，才是她努力挽救婚姻的意义所在。

生活总会有不如意，但我很好

人之所以为人，在于充满精力，能够自我悔改、自我反省、自我成长，而不是抱怨他人。

　　在好莱坞，奥黛丽向来与世无争，但她也曾主动争取过一个电影角色，那就是《窈窕淑女》里的卖花女伊莉莎·杜利特尔。

　　在《谜中谜》的拍摄工作将近尾声时，奥黛丽得知华纳兄弟即将拍摄大型爱情歌舞电影《窈窕淑女》。该片由萧伯纳的戏剧《卖花女》改编，讲述粗俗贫穷的卖花姑娘被一位教授改造成贵族淑女的故事。这时女主角尚未定下，他们一方面有意邀请奥黛丽出演，另一方面也在考虑呼声甚高的同名音乐剧女主角朱莉·安德鲁斯。

　　早在数年前，安德鲁斯在百老汇舞台上的表演就征服了纽约和伦敦的观众，就像奥黛丽饰演的"琪琪"，在很多观众眼里，安德鲁斯同样是"伊莉莎"的专属演员："没有安德鲁斯的《窈窕淑女》让人无法想象！"

为此，华纳兄弟公司专门召开了选角会议。女主角作为一部投资上千万的影片中的灵魂人物，选择必须慎之又慎。奥黛丽最终以多出一票的优势险胜安德鲁斯，尽管她的年龄有些偏大，但依旧是好莱坞公认的电影皇后，在国际电影市场上的魅力和票房号召力远非安德鲁斯能比。安德鲁斯对自己的落选很失望，不过还是很大方地向奥黛丽表示了祝贺。

然而不可避免的竞争还是淡化了胜利的喜悦，奥黛丽低调地回应道："我是你永远的观众，安德鲁斯。"确实，她曾在1956年观看过安德鲁斯的音乐剧，她喜欢安德鲁斯的表演，也喜欢那个故事，正是从那时起，她衷心希望这部音乐剧能搬上大银幕，并对剧中卖花女一角跃跃欲试。

1962年10月18日，初步拟订的合约被送至弗林斯的办公室。经过商议，这次奥黛丽将获得110万美元的酬劳，而她的参演也将一举打破伊丽莎白·泰勒在《埃及艳后》中100万美元的片酬纪录，成为当时片酬最高的女演员。

开拍前的筹备工作是一项大工程，其间，在瑞士休养的奥黛丽多次写信与视觉总监塞西尔·比顿探讨剧中服饰，从发饰到服装，从手套到鞋子，与她相关的一切都要求精确无误。

影片开拍前夕，塞西尔为奥黛丽拍摄了一组剧照，那组照片发布出来后，就像一套可供收藏的艺术品，整个时尚界都引起了轰动："迄今为止，这是奥黛丽·赫本最美的一组剧照！"奥黛丽感激地对塞西尔说："我一直认为自己不够漂亮，但是看着这些照片，至少有那么一小段时间，我会认为自己是完美的。谢谢你，是你的造型和照片让我变得更自信。"

8月初，《窈窕淑女》正式开机。奥黛丽这次的搭档是年长她二十一岁的雷克斯·哈里森。雷克斯将饰演剧中调教伊莉莎的希金斯教授，他与人打赌能在六个月的时间里让卖花女像女公爵一般出席大使舞会，随后又爱上了这个"厚颜无耻的野丫头"。雷克斯正是《窈窕淑女》音乐剧中的男主角，奥黛丽很欣赏他的表演，而他也称赞奥黛丽在影片中的表现自然真实，与舞台上的安德鲁斯各有风味。

为了表现影片开头一个伦敦乡下野丫头的形象，奥黛丽可谓煞费苦心。她先是换上了肮脏黯淡的长裙，破烂的灯笼裤，沾满烟灰的水手草帽——但还是难掩她的优雅气质。于是她让工作人员拎来一袋泥土，每天把手伸进泥土里反复搅拌，直到指甲缝里藏满泥垢；然后又用灰尘涂黑了自己的脸，再把头发搞成一窝杂草，就像原著中写的那样："头发很脏，泛着一种非自然的灰老鼠似的色泽。"导演乔治·库克不禁打趣道："你好啊，楚楚可怜的小女孩。"

随着剧情的发展，卖花的野丫头被教授带入家中，要求从发音开始训练。对于希金斯教授来说，英语是最神圣的语言，而语音，又是一个人谈吐的装饰品，象征一个人的社会地位。换言之，不管你穿着如何，气质怎样，只要你一开口说话，社会阶层便一览无余。

在教授的悉心指导下，伊莉莎的乡下口音终于不复存在。她一层一层蜕变，造型也一步一步地发生改变。当她穿着那些为她精心准备了几个月的时装出现在镜头前时，摄影棚俨然成了一场高级时装发布会。在大使舞会的那一幕中，伊莉莎身着一套雪白的丝质流苏晚礼服翩然降临，她高贵美丽、优雅大方，与王公贵族谈笑自如，魅力倾倒全场。观众们仿佛看到，《罗马假日》里的公主成熟了，已经加冕为女王。

在影片的最后，伊莉莎与教授赌气吵架，她伶牙俐齿的反击又不禁让人拍手称快。这时，她不再只是一个贫穷自卑的卖花姑娘，六个月的训练，她的蜕变不仅有语音和仪态的优化，更有心灵的觉醒——让自身从环境中挣扎出来，直面一切的勇气。

为了能在影片中展露歌喉，奥黛丽花费了很多时间和精力。她再次发挥了她的敬业精神，专门请了歌唱老师为她把关，每天清晨都会坚持吊嗓半个小时——可以说，为了能录制出更好的声音，她已经全力以赴。但就像练习舞蹈一样，她能做到优秀，却做不到完美——在唱歌这件事上，显然先天的资质比后天的努力更重要。

在制片人杰克·L.华纳看来，奥黛丽·赫本的声音始终是个缺憾，为了让影片呈现出无懈可击的完美，他决定请人来给奥黛丽配音。考虑到奥黛丽可能会因受挫感影响拍摄，杰克没有将配音一事公开。他一面积极鼓励奥黛丽的进步，一面又私下联络了歌手玛尼·尼克松，与她签下一份保密协议，并安排她录制了影片中的全部歌曲。而此时的奥黛丽还沉浸在辛勤的拍摄和练习中，对一切毫不知情。直到影片的拍摄工作将要结束时，奥黛丽请求重录其中的一首歌，杰克才告诉她已经没有多余的预算。

奥黛丽坚持道："一首也不可以通融吗？""不可以，因为多余的预算全都花在了你的配音上。"奥黛丽如梦初醒,非常难受,差点儿哭出来:"其实你可以早点儿告诉我。"杰克的声音软下来,他拍拍奥黛丽的肩膀:"亲爱的,很抱歉,我是为了大局考虑。而且这并非针对你一个人。"

的确,替换掉主角的声音已是好莱坞的一贯手法,看来杰克已经运用自如。但遗憾的是,最擅长为奥黛丽争取权益的罗杰斯已经不在她身边。

1964年秋,奥黛丽·赫本从欧洲回到美国为即将上映的《窈窕淑女》做巡回宣传。影片一举打破了票房记录,随后在国际上也取得了巨大的成功。1965年4月,该片赢得了第三十七届奥斯卡最佳影片奖在内的八项大奖。颇具讽刺意味的是,被奥黛丽·赫本挤掉名额的安德鲁斯也因一部《欢乐满人间》获得最佳女主角。与赫本搭档的雷克斯则获得了最佳男主角,而身为女主角的赫本却连提名都没有得到。

人们纷纷猜测,奥黛丽·赫本没有获奖的原因是唱功没有得到发挥,除了用台词对话以外,需要展露歌喉的部分已经全部被替换掉。如杰克所愿,影片中的配音高亢洪亮,完美无瑕——也正因为太过完美,反倒失去了人物的个性与真实。制片方为了保守起见,剥夺了她为影迷一展歌喉的权利,就像用华丽的照明灯代替了熠熠生辉的星光,无形中损伤了整部影片的艺术成就。

在提名公开后的一段时间里,有媒体发文声称,奥黛丽·赫本应该不会出席这一届的奥斯卡颁奖典礼,因为按照安排,她要上台给雷克斯颁发最佳男主角奖。"不知道是谁想出来的馊主意,对奥黛丽·赫本太残忍了!"

或许她并没有外界想象的那么脆弱——躲在远处独自怨艾,黯然神伤。虽然《窈窕淑女》对她意义重大,若能获得提名和奖项,自然皆大欢喜,但她也不会过于奢求。她明白,如果一部影片的女主角真的那么糟糕的话,这部影片不可能获得这么多的奖项。同理,如果她的表现真的已臻完美,那么即便安德鲁斯要得奖也是困难重重。

在与玛丽修女的通信中,谈及影片提名一事,她如此说道:"请放心,我信念犹在……我把这个结果当成间接的激励,当然也会审视自己的不足。至少拍摄过程让我过足了瘾,我获得了伊莉莎的角色,我演绎了她的人生,也用自己笨拙的歌喉展示了她的内心,我再也没有遗憾。"

1964年4月5日,在加州的奥斯卡颁奖典礼上,奥黛丽如约盛装出席。她从没有想过要做这一场电影盛事的逃兵。

当她站在台上亲手把小金人交到雷克斯手中时,全场的观众都看到了她真诚的祝贺,也看到了她的风度与胸怀。对于安德鲁斯颇有意味的致谢辞:"首先,我要感谢华纳兄弟公司……"奥黛丽报以美丽的一笑,眼神中完全读不到受挫和嫉妒的痕迹。如她所说,无论获奖与否,"做一位真正伟大的女演员",她的这个信念从未黯淡。而于她而言,想要得到自己内心的认可,远比获得一份外界的奖项更艰难,也更为重要。

第十章

谁不是一边拥有,一边失去

还有那么多的考验在等着我,我祈求上帝赐予我力量与勇气,助我披荆斩棘。

——奥黛丽·赫本

《盲女惊魂记》之后，奥黛丽·赫本选择了息影，远离名利场，安心做"和平之邸"的女主人，与孩子、村庄、小狗、花朵和美食生活在一起，用大自然的力量，慰藉内心。

同时，她的第一段婚姻也走到了终点。

一段感情的离散，有时也可以无关对错。就像在"和平之邸"温暖的阳光下，优雅的女主人闭上眼睛，诚觉世事皆可原谅，又不知到底有谁做错了什么。她只知道，在最艰难的时候，依然不要放弃守护美好的能力；在失去婚姻的时候，依然选择相信爱情。

物质越丰裕，我要的却越少

如果我的世界明天消逝，我会回顾所有我有幸拥有的快乐、兴奋和精彩，而不是悲伤、失败或者父亲的离家而去。

"第一次来到这个地方时正值春季，花树繁茂，青草遍地，生机盎然……我的心脏几乎停止了跳动。"

奥黛丽一直记得与"和平之邸"初遇的情景——1965年3月，36岁的她带着满身的尘埃来到这座有着八百年历史的古老村庄，温暖的春阳下，参天的樱树云蒸霞蔚又清香壮美。站在树下，清风从不远处的阿尔卑斯山脉拂来，簌簌的花瓣拂落在鼻尖，仿佛时间也变得蓬松轻缓，与内心一样柔软安宁。

行走尘世这么多年，她唯独信奉爱与美，尊崇生命和自然。而这一切，竟在此地此刻尽数得到了安顿。"这就是我的宁静家园，"她说，"我是属于这里的。"

1964年初,尽管奥黛丽极为渴望在瑞士的小屋里与肖恩享受时光,但为了挽救婚姻，她决定再次带着儿子随梅尔四处拍片。于是一家人从法国辗转至意大利，待那边的工作结束后又搬到了西班牙。

梅尔在西班牙拍摄新片时，奥黛丽经常会去片场探班，为他带去美味的食物。她很努力地想要与丈夫保持一种亲密的关系，但很无奈，他们之间已经有了无法消弭的隔膜。其间，导演库克曾想邀请奥黛丽拍摄他的新剧《孤雏泪》，不过奥黛丽婉拒了。她在信中回复道："请原谅我现在没有拍戏的打算，肖恩马上就要上学，我正在选择定居之地，希望他有一个比较稳定的童年环境，而不是随父母四处漂泊——当然，如果梅尔愿意和我一起照顾儿子，我们之间没有嫌隙和分离，该有多好！"

这时的梅尔却有意在西班牙定居，他骨子里的冒险精神让他爱上了这个激情如火的国度，而且，他接下来有好几部影片都将在此完成，他正打算趁机拓展他的事业。奥黛丽则喜欢瑞士，那里安静、温和，与她的性情相契，也更有利于肖恩的成长。更令人遗憾的是，他们暂居的小镇属于德语区，如果肖恩要就读法语学校，那就必须另择居处。或许是因为涉及到肖恩的成长，这一次，奥黛丽没有选择顺从。所以，不可避免地，夫妻俩为定居之地发生了一场争执，闹得很不愉快。奥黛丽随之大病了一场，病愈之后，肖恩又持续高烧。

异乡小镇医院的夜晚，孤独地坐在长椅上，奥黛丽把肖恩抱在怀里，不禁思索着与梅尔之间的点滴过往，分明是相爱的两个人，为何会走到这一步，爱又是如何在他们之间一点一点地流逝……而这时的梅尔却成天在片场忙碌，对母子俩无暇顾及。那段时间，肖恩看到母亲经常在房间里黯然落泪，只有出门在外时才会强颜欢笑，而她的笑容又总是那么温暖阳光，仿佛从未受过伤害一样。

1965年3月，奥黛丽收到好友来信，说在瑞士洛桑小镇附近的特洛谢纳有一座农庄要出售，那里临近日内瓦湖和阿尔卑斯山，离日内瓦机场只有半小时的车程，而且离当地的法语学校不足一百米，非常方便肖恩上学……相信会合她的心意。

到了月底，梅尔终于妥协了，愿意与奥黛丽一起回瑞士看房。就这样，夫妻俩带着肖恩回到了布尔根施托克。几天后的清晨，一家人从山顶小屋出发，乘坐火车去洛桑。对于五岁的肖恩来说，那是一段非常美妙的记忆，他们的行囊里有母亲做的好吃的三明治，暖瓶里装满了香醇的热茶，就像一次轻松的全家郊游。一路上，他看到了蓝色的日内瓦湖，里面的天鹅悠闲得好似天外来客，阿尔卑斯山脉神圣庄严，山顶的积雪在阳光下发出耀眼的光芒。

车停在那所房子的不远处，奥黛丽就站在车篷下看着。那时正是春天，这所房子是一栋18世纪的农庄，周围有两亩半面积的果树。放眼望去，满眼的樱花，房子就掩映在红花绿树之间。

奥黛丽对这座农庄一见钟情。一切都符合她内心对宁静家园的期望：爬满藤蔓的围墙守护着古老的城堡，桃红色的墙面，鸭壳青的百叶窗，屋顶的烟囱静静矗立着，连接着房间里的壁炉。九个房间内部光线通透，翠绿的树影可以落到地板上。奥黛丽曾形容那一刻的惊喜——用一座奥斯卡奖杯也换不来。好像身体里的蝴蝶全醒来了，每一只都在翩然起舞。走在农庄里鹅卵石铺成的小路上，她感觉自己又回到了童年，回到了家乡——那里埋藏着她涉世之初最美好的记忆。

农庄售价1点25万英镑，奥黛丽欣然接受。奥黛丽把新家命名为"和平之邸"，暗许长久的心愿。结婚十年，她终于有了一个正式的家。这里春天落英缤纷，夏日果木鲜美，远离世事尘嚣。她尽可休养生息，做农庄快乐的女主人。

7月17日，肖恩在新家度过了他的五岁生日，奥黛丽下厨准备了一桌美食，并给肖恩及他的新伙伴们安排了化装舞会。看着家里其乐融融的景象，她再一次有了长期休假的想法。梅尔则是个闲不下来的工作狂，他崇尚"在路上"式的骑士精神，在他心里，偏安一隅远不及四海为家。除了追逐自己的事业，他还会操心奥黛丽的前程，比如为她甄选片约，帮她重塑银幕形象，以及如何让自己更符合年轻一代观众的审美需求。

于是，当导演惠勒邀请奥黛丽·赫本担纲《偷龙转凤》中的时髦美丽的女主角时，梅尔赶紧写信与经纪人弗林斯交涉，让他劝说奥黛丽出演该片。

是年夏天，奥黛丽在"和平之邸"的书桌上签下了《偷龙转凤》的合约。为了改变造型，奥黛丽特意剪了短发，这样的她看起来更为干练时尚，也比三十六岁的实际年龄要年轻许多。二十套纪梵希设计的最新戏服为她的魅力保驾护航，让她的形象永不过时。

8月，奥黛丽赶往巴黎拍摄新片，饰演一位财富、智慧与美貌并存的收藏家之女。整个剧情轻松浪漫，奥黛丽与她幽默的新搭档彼德·奥图也算相处愉快。影片上映后，受到了一致好评。但在拍摄期间，梅尔很少来巴黎探望奥黛丽，他忙着与华纳兄弟公司洽谈《盲女惊魂记》，这部影片他将担任制片人，同时他也预约了奥黛丽参演。他们之间的关系随着工作的渗入变得愈加职业和程式化，这时的梅尔，也更像奥黛丽身边的经纪人——他插手了她工作上的一切事务。

1965年年底，《偷龙转凤》杀青，奥黛丽迫不及待地回到"和平之邸"与家人团聚。就在圣诞节前夕，她发现自己得到了"最珍贵的圣诞礼物"——她又一次怀孕了。

得知自己怀孕后，奥黛丽欣喜若狂又诚惶诚恐。她一直渴望再做母亲，一来希望肖恩得到更多的陪伴，再者也希望以此巩固即将瓦解的婚姻。但她的身体很虚弱，又已经历数次流产，她很害怕再有意外发生。然而就在圣诞节过后不久，灾难发生了，奥黛丽再次遭遇流产的身心摧残，她悲痛欲绝。从医院回到家中，梅尔已经外出，未留下只言片语。终于，她对婚姻的最后一丝幻想也破灭了。

好在还有肖恩，有钟爱的"和平之邸"供她疗伤。

休养期间，她给远在爱尔兰的父亲写信倾诉心事，他们曾失联二十年之久，但这时，父亲不仅是亲人，更是倾诉的"树洞"。时间沉淀了往事，也让当初她那颗被伤害的心渐渐复苏。在血缘纽带面前，生活的磨难，婚姻的痛苦，都将因为这个出口而得以舒缓。

"这件事让我非常非常难过，我想自己又一次徘徊在崩溃的边缘，随时都会倒下。还好有亲爱的肖恩在我身边，他是我坚强振作的唯一理由。可是为什么，我感觉还有很多的考验在等着我？我祈求上帝赐予我力量与勇气，助我披荆斩棘。"

谁不是一边拥有，一边失去

总有温暖的人，当我不知未来在哪里，他笑着对我说：坚持下去。

1966年的整个春天，奥黛丽都待在"和平之邸"休养身心。肖恩已经上学，她在闲暇的日子里与花草、小动物相伴，用心感受"大自然的恩惠"，也就慢慢淡忘了痛苦。

"和平之邸"就像它的主人一样，给人优雅清香的气质，奥黛丽经常在这里接待访客。果树花朵盛开的四月，导演斯坦利·多南来访，他期待奥黛丽能够参演《丽人行》。其实早在1965年，多南就曾和编剧弗雷德里克·拉菲尔前往布尔根施托克拜访奥黛丽，与她接洽这个剧本。

在剧本中，拉菲尔花费大量的精力构造不断切换的时空，将影片的时间跨度定为十二年：十二年前，美丽清纯的唱诗班少女与阳光的建筑师邂逅，一见倾心；十二年后，他们的婚姻却形同躯壳，名存实亡。为了挽救濒临破裂的婚姻，他们相约四次前往欧洲大陆旅行，其间穿插恋爱的激情、婚姻的乏味、回忆的美好以及出轨的伤害和谅解。

但奥黛丽看过剧本后并未答应。她承认拉菲尔的创意很好，不过，她已经有过《巴黎假期》的前车之鉴，跳跃式的剪辑前卫新颖，却让观众虚实莫辨，而且，剧情也不太合适她现在的心境。

多南没有看出奥黛丽真正的担忧——她觉得剧情跟她自己目前的生活状况太相似了，同样是十二年的婚姻，同样是关系触礁。她如果答应出演，就是以另一种形式承认婚姻的裂痕，她不想把自己的痛苦公之于众。

梅尔却不愿意奥黛丽再次放弃"大好的机会"，他鼓励她重新考虑自己的事业，如果事业想要更上一层楼，就必须改变那些过时的想法，而《丽人行》正好可以帮助她转型。而且该片还能为他制片的《盲女惊魂记》一试观众的口味——1960年代中期，崇尚披头士和自由文化的年轻观众已经成为好莱坞影院的主导力量。如果他们接受了转型后的奥黛丽·赫本，也就接受了他的影片。

总之，不管出于何种原因，奥黛丽答应了。

5月3日，即奥黛丽三十七岁生日的前一天，《丽人行》在法国南部的外景地正式开拍。随着年龄的增长，与奥黛丽·赫本搭戏的男主角越来越年轻，这次的阿尔伯特·芬尼就比她小了整整七岁，风趣幽默的个性让他看起来时刻活力充沛。初次见面，他就给了奥黛丽一个小小的惊喜。他送给奥黛丽一顶遮阳帽，并附在她耳边轻声说了一句"生日快乐"——他的细腻贴心，让奥黛丽满心欢喜。

拍摄这部影片时，奥黛丽·赫本又续上了长发，大多数时候，她都会用发箍把刘海梳向脑后，再绑上一根俏丽可爱的马尾。依照多南的要求，这次奥黛丽没有选择纪梵希的服装，而是用一些色彩明亮的休闲服饰代替，譬如艳丽的紧身毛衣、直筒的牛仔裤、慵懒气质的平跟鞋，或是现代感十足的风衣。经过一番用心的装扮，奥黛丽站在芬尼身边愈发显得般配。

当电影的宣传剧照放出来时，一些时尚杂志称赞道："奥黛丽·赫本再次给那些三十多岁的女孩上了一课，谁说三十多岁就不可以青春明媚？"而拍到恋爱阶段时，明媚动人的奥黛丽望着芬尼的眼睛，脸上竟浮现出少女的羞涩，仿佛他们真的恋爱了。

男女主角能够私下相处融洽，对影片的拍摄自然大有裨益。而在婚姻中经历过太多的悲欢离合，奥黛丽的深切体会也让她的表演更加出色，更有深度。不过奥黛丽与芬尼之间远不止相处融洽那么简单。正如一些八卦杂志上所议论的那样，《丽人行》男女主角的"友情"超越了界限，甚至有狗仔拍到他们在沙滩上拥吻，难舍难分。

拍摄期间，奥黛丽的确在芬尼的影响下彻底放松了身心——在来蔚蓝海岸之前，她已经决定了要与梅尔离婚，只是还没有准备好面对肖恩以及拟订正式的文件。显然，她的内心已经得到了解脱，她不用再为挽救一份空壳的婚姻而活得那么累。见到芬尼后，她更加坚定了自己的想法，所以在与芬尼的感情中，她并未觉得有太多的顾虑。

得益于爱情的力量，在片场时，奥黛丽总能心情美满。她有时还会为剧组成员煮晚餐，做一些味道浓郁的意大利面食，佐以各种好吃的乳汁酱料。但更多的时候，她会和芬尼单独到海边用餐，说一些旁人无法插嘴的话题，芬尼经常把奥黛丽逗得喜笑颜开。

奥黛丽是个完美主义者。她对分析台词中隐藏的人物内心很感兴趣，也希望每一句台词都能找到相对的意义。有一句台词是"你好，亲爱的"，奥黛丽一共念了八遍，也用了八种演绎方式。直到她认为其中第六种是最恰当的，才满意地回到镜头前与芬尼对视，眼波流动、百转千回："你好，亲爱的，亲爱的芬尼……"

而对于外界传播的绯闻，芬尼从侧面回应道："与奥黛丽这样性感的女人拍戏的确让我一度分不清现实和剧本的界限，当你与她对视的时候，有心灵相通的感觉，那绝不是幻觉……我们的关系自然非常亲密。"

奥黛丽迷住了芬尼，芬尼也带给了奥黛丽久违的心动。爱的感觉让她神采飞扬，让她更明白自己的优势——的确，她的身材并不火辣，但依然会让异性觉得无比迷人，因为她有自己独特的性感法则：性感是一种内在的气质，它通过暗示而不是通过暴露表现出来，任何女人都不需要向男人暗送秋波，那样只会让他们望而却步。事实上，只要你稍微颤动睫毛就足够了……

奥黛丽找回了久违的快乐，众所周知，这都是芬尼的功劳，但很少有人知道，这功劳来得并不是时候——按照梅尔的脾性，即便是感情破裂即将离婚，事情也没有奥黛丽想象的那么简单。果然，在9月份影片杀青之后，奥黛丽就和芬尼分手了。再次出现在镜头前时，奥黛丽消瘦憔悴了许多，之前光彩照人的模样一去不复返。猝不及防的伤害让她关闭了心门，在很长一段时间里，人们都看不到她内心最深的部分，也不能与她一起分担。她依然是银幕上闪亮的珍宝，但在现实中，她已经与大众隔了一道鸿沟。

奥黛丽与芬尼的恋情告终后，她与梅尔也即将面临分居。只是面对肖恩时，她的内心满是愧疚。一直以来，她都希望给孩子创造一个温馨的成长环境，不想他在童年时遭受父母离异的孤独。她一再努力想要弥补与丈夫的感情，长期沉默付出而不愿索求，却依旧无法换来恩爱白首、家庭和睦的结局。奥黛丽承认自己痛苦失望到了极点，一方面要割舍掉一份爱情，另一方面又要面对另一份爱情的变质。

诚然，爱情并不可怕，可怕的是爱情的枯萎和变质。也只有经历过这一切的人，才能意识到，原来它可以残酷地扭曲你的生活，改变你的人生。

多年后儿子肖恩回忆："我记得那时父母的关系很紧张，长大后我才知道，是因为母亲在拍片时与芬尼假戏真做。"而据知情者透露，当时梅尔曾威胁奥黛丽，如果不终止与芬尼的关系，就会上诉法院，以她不忠为由夺取肖恩的监护权。奥黛丽只能忍痛与芬尼分开，她似乎没有更好的处理方式，哪怕她一直知晓梅尔在外的种种绯闻，但梅尔从未留下过把柄，她也从未想过要掌握什么证据。所以从头至尾，梅尔都是稳操胜券，无论是浪漫入骨的初见，还是略显难堪的收尾。

"我和梅尔结束了。如果没有经历爱情的折磨，那么我的生活中就只有宁静的夜晚。"无论如何,只有爱情才能成为婚姻永恒的生命力。就像《丽人行》里面的台词:"有什么事情结束了,我们就得承认它结束了。"

承认爱,或者承认被爱,是坦荡;承认不爱,或者承认不被爱,是勇敢。

我相信爱情，也相信爱情会死

我认为两个善良的人相爱，他们的婚姻肯定会维持到一方的离世为止。但我的这个想法简直太不现实了。

1966年10月，《丽人行》拍摄完毕，奥黛丽回到"和平之邸"平复心伤。瑞士的秋天清爽怡人，果园里满是季节的馈赠，她有时会帮助工人们采摘苹果，有时则坐在紫藤花墙下研读剧本。婚姻消亡了，生活还要继续。能在心仪的环境里做一些工作前的准备，也算是一种慰藉。

奥黛丽即将参演的影片是《盲女惊魂记》，由梅尔担任制片人。一个很简单的故事，却有很复杂的内心戏：一位盲女在不知情的情况下获得了一个装满毒品的布娃娃，随之与潜入家中的毒贩进行了斗智斗勇的凶险较量。

为了饰演好盲女一角，奥黛丽特意到洛桑的盲人学校体验生活。她用黑布蒙上眼睛，请了专门授课的老师，学习如何用其他感官来弥补视觉的缺陷。那段日子让她吃够了苦头，经常全身上下都是撞伤的瘀青。

她的苦头没有白吃，影片上映后，她演绎的盲女每一个表情每一个动作都很自然流畅，譬如依靠脚步声的不同来判断行人走路的方向，通过上升气体的温度感知茶杯的水位。而且从头至尾，她的眼睛都没有眨动过一下——拍摄时，她佩戴了一副乳白色的隐形玻璃眼镜，尽管她的眼睛因此难受发炎，但也让她盲人的形象更为真实可信。

1967年1月，奥黛丽与梅尔同往洛杉矶参加电影的拍摄。奥黛丽精神状态很不好，工作之余基本上都是烟不离手，朋友们都能感觉到，她和梅尔的婚姻出了问题，但她心事重重，又不愿向人吐露……只有提及肖恩时，她脸上才能看到阳光。一直到7月底，夫妻俩才分别通过弗林斯向外发出分居声明，同时私下协议离婚。而同期《丽人行》也在美国的无线电城上映，于是便有人质疑奥黛丽是在趁机"宣传"她的新电影，利用生活中的婚姻危机为影片中雷同的情节炒作。

奥黛丽不想做任何的辩解，她也不屑于辩解。如果不是公众人物，低调的她或许连声明都不愿发出。

"我们离婚吧！"《丽人行》中，芬尼对奥黛丽说的话言犹在耳。但影片中丈夫的语气明显爱意未尽，这也是他们最后能够和好如初的根本原因。

那么现实中的梅尔会怎样与奥黛丽商议呢？这一次，他并没有多说什么，只是沉默地搬出了"和平之邸"。"我尊重奥黛丽的决定，是她要求离婚，若非如此，我想我永远都不会离开她。"事后梅尔向媒体说道，似乎他也受到了伤害，"如果妻子的光芒掩盖了你的人生，你的生活都会出现问题。真遗憾，这个问题我一直找不到答案。"

直到多年后，奥黛丽才回应道："我认为两个善良的人相爱，他们的婚姻肯定会维持到一方的离世为止。但我的这个想法简直太不现实了……我知道与一个名人结婚有多么艰难，不但处处被人认出，还要处处位于她的名字之后——梅尔本来有很多闪亮的称谓，却时刻要被'奥黛丽·赫本的丈夫'这个身份掩盖，我想他一定忍受了很多痛苦……或许这就是我从男人身上了解到的：他们是人，也拥有女人般的脆弱，有时甚至比女人还脆弱，我确实是这样认为的。你很容易就伤害到他。但是，相信我，这并非我的本意，我一直把家庭放在事业之上……因为对于一个女人来说，成功并不是最重要的。当我怀抱着孩子的时候，我感觉自己已经拥有了一个妻子所能拥有的全部，而对一个男人来说，这远远不够。"

1967 年 7 月，《丽人行》在美国的票房很不如意，但在海外上映时票房却一度大卖，影评家们对奥黛丽在该片里的表现褒扬有加，称她为"银幕上的心灵刻画师"。第四十届奥斯卡金像奖对奥黛丽的提名就是在《丽人行》与《盲女惊魂记》中选择，最终《盲女惊魂记》胜出，也让她获得了第五次奥斯卡提名："赫本在影片中的表现真实自然，演技一流……她的表演自成一派，既有女性的柔弱，又不失独立的个性，最重要的是，她从来不会让影迷失望。"

《盲女惊魂记》为奥黛丽带来了高达 300 万美元的片酬和分红，也为她接下来的单身生活提供了丰厚的物质支持——该片完成后，奥黛丽向外宣布了暂时息影。好莱坞的变化日新月异，她实在不想改变自己的性情和形象去讨好年轻一代观众。而且她也无法忍受跟肖恩分开——离婚文件已经生效，息影就是最好的选择。从此之后，她尽可以按照自己的意愿生活，再也没有谁逼迫她去出演不喜欢的角色，再也没有人可以剥夺她与儿子在一起的时光。

做优雅的生活美学家

在"和平之邸",我是个生活在细节里的人,孩子、村庄、小狗、花朵和美食,都能给我带来最真实的快乐。

这世上,总有那么一些人,活在生活的表层,或耽于浮华,或浑浑噩噩,一年四季,一日三餐,数十年也不过闭目一瞬。

这世上,也总有那么一些人,活在生活的内核里,是细节主义者,内心拥有着海洋、原野、山川,以及生长着温柔的触须,用来感知生命的美,接纳自然的灵性和沉淀岁月的智慧。

1968年的春天,与梅尔离婚后,奥黛丽给远方的朋友写信:"在'和平之邸',我是个生活在细节里的人,孩子、村庄、小狗、花朵和美食,都能给我带来最真实的快乐。"

为了对肖恩履行"两千小时陪伴"的承诺,奥黛丽在此后的二十年时间里都很少赴美工作。而事实上,即便是巅峰时刻,她也从未真正地融入过好莱坞,她看起来总是那么的格格不入,一有机会就会从镁光灯中"逃逸"到"和平之邸"。

她对肖恩的感情太过深沉。在她眼里,世间任何名利都比不上孩子的一丝眷念。之前在国外拍戏,由于时差的问题,她经常会等到凌晨打电话回家,好让肖恩在清晨睁开眼睛时能听到她的声音。

有一次参加工作晚宴,她也悄悄地把肖恩带在身边,并在席间将儿子"藏"在桌下。宴会后,她抱着心爱的儿子,满怀柔情与愧疚地说:"亲爱的,要是能跟你一起待在家里多好啊,我宁愿我们在厨房里吃那些残羹冷炙。"

如今,渴望已久的生活终于到来了,她尽可以与肖恩待在一起,让记忆的每一个微小的细节都成为值得珍藏的礼物。

她会骑着脚踏车去学校接送肖恩,满心欢喜地一路上与他交谈……

她喜欢看肖恩拿着成绩单回家时脸上的兴高采烈,她在心里表扬他,但嘴上还是会说:"嗯,还是有待提高,继续努力。"

她会在每晚关掉灯后,与肖恩像朋友一样畅聊,从现在到未来,从对事情的看法到感受人生的理想……

她喜欢看肖恩自由地成长,也会尊重一个孩子的好奇心。比如肖恩在寒冷的午夜一路狂奔去铁道边看奶牛生产;在花园里挖一条秘密的地道,去隔壁家疯玩……她都微笑着装作毫不知情。

总之,在这个安静的村庄里,做什么都觉得贴合心意——好像坐在时间的深渊里,山高水长,余生漫漫,在自然间,可以自我剖析,也可以自我成全。

早上,山间乳白色的晨霭开始流动,为大地蒙上清透的面纱,山羊开始在坡上吃草了,草尖上还立着晶莹的露珠……

正午的阳光,蒸腾着花香,仿佛能治愈一切伤痕。

夜间,夜莺婉转,一仰脸,就有星光扑面。

晚饭后,她喜欢出门散步,一路沿着母牛的脚印和崎岖的山道,欣赏途中的风景。散步也让她一直保持着少女的身形,走在清风徐徐的山野间,轻盈敏捷得如同一只羚羊。

她也喜欢山川草木的香气,喜欢大自然中的一切生灵。一朵花是怎样盛开;一粒葡萄是怎样在树上由青转红;一只小鸟如何破壳,颤抖着站立,又是如何一点点地生出结实的羽翼:都是她关心的事情。

作为"和平之邸"的女主人,在肖恩去上学的时候,她便与小狗们待在一起。她是真心喜爱这些小动物,尤其是狗。她认为狗是最宝贵的财产,也是最忠诚的朋友,而养狗,是一段非常治愈的时光旅程。

"它们对你十足的依恋,让你觉得它们特别需要保护。没有什么会像你的狗那样崇拜和仰慕你。我带着狗散步,这让我保持苗条身材;我同狗讲话,这让我更加理智。还有什么比醒来时拥抱着热乎乎的小狗,逗它玩耍更惬意的事呢?"

爱狗的人,都有一颗善良的心。奥黛丽完全把狗当成了她的家人。女佣和园丁们经常会听到她用无比宠溺的声音呼唤:"我的小汉堡包们,你们在哪里?"

植物也是奥黛丽的心头所爱。

她的"和平之邸"种植了很多花木与蔬菜,看起来就像一个大农庄:苹果树、葡萄树,玫瑰花、紫藤、金凤花、醉浆草、郁金香……

她喜欢坐在花树下小憩,喜欢牵着小狗在葡萄园漫步,喜欢采摘玫瑰花装饰房间,这些都让她觉得自由和富足。

园子里的番茄、洋葱、大蒜、胡萝卜……还可以为她制作意大利面提供最佳的搭配食材。

在厨房里专心致志地为家人制作美食,也能让她心情愉悦。

据儿子肖恩回忆,奥黛丽非常喜欢意大利面,差不多每天都吃。只是不管食物多么诱人,她每次都只吃一份,从不纵容自己的食欲。

番茄汁意大利面是奥黛丽的最爱,也是她最拿手的私房菜。她认为食材的新鲜是最大的秘诀,比如汁液饱满的番茄,水灵的洋葱和芹菜。而这种田园主义的食物如今在"和平之邸"唾手可得,从在园子里选择食材到制作成美食上桌享用,通常只需要一个小时。

很多人以为奥黛丽是一个素食主义者,实际上她并非不沾染荤腥。出于她认定的人道主义,她不吃小牛肉,但她会尝试少量的成年牛的肉,还有鸡肉和鱼肉。有一道"奥黛丽香蒜沙司"是她的招牌菜,她曾把独创的制作方法告诉了好朋友康妮:

"将一大把意大利芹菜和罗勒叶洗干净,放入搅拌机中打碎。然后依据个人口味加入大蒜、低脂牛奶、橄榄油、帕尔马干酪,上下翻动,搅拌成糊状,呈奶油色。最后再加入一点儿牛奶,使整个沙司充分搅拌均匀,呈现出更加柔和的奶油色。最后是酱汁的秘诀:百分之九十的米酒醋混合体,百分之十的橄榄油,再加入少许低钠酱油和一些新鲜胡椒。"

肖恩很喜欢吃奥黛丽做的食物，在他的记忆里，奥黛丽不仅厨艺精湛，还很看重食材的色彩以及餐具之间的搭配。有时候，她还会让肖恩去为她采摘最新鲜的花朵，装饰在餐具上。

他有一次问母亲："为何要如此精心搭配盘子？"奥黛丽回答道："搭配与食物本身的味道同样重要。如果整个盘子里都是一种颜色的东西，那么吃东西的人一定感觉很单调，很无趣，而且那样的食物味道和营养价值可能也都不会很好。"

奥黛丽常对肖恩说："我们应该多亲近自然，远离快餐食品。自然会给予我们强壮的身体、温柔的心灵，而快餐食品会让我们趋于浮躁，最终伤害我们。"

就像她在"和平之邸"的生活方式，在这里，她不再是万众瞩目的明星，敛藏了自身的光环，每天与喜欢的事物在一起，活得精神饱满，爱意绵长，又从容悠然，芬芳自持。在自然中调节身心，自我休整，有方向，有节制，有爱，有自由。经历过风风雨雨，栖息在这个宁静家园的奥黛丽，俨然已成生活美学家。

第十一章

我承认我曾历经沧桑

她能名扬四海,也能回归家庭,她的眼中始终保有快乐和惊喜,好像生活中的一切仍是等待探索的秘密。

——传记作家 卢多维卡·达米亚尼

罗马十年，无论是名扬四海，还是回归家庭，她一直是时尚的宠儿，是优雅的化身。她一直奉行着自己的时尚哲学：删繁就简，回归本真，一如她的人生哲学——越简单，越美好。

第二段婚姻还是以离婚收场。好在屡次被爱所伤之后，她终于遇到了真正的灵魂伴侣——"有多少人爱过你的美貌，以虚伪或真情，唯独一人曾爱你那朝圣者的心，爱你脸上岁月的留痕。"

对于爱，我的方法是等待

每个人都会用心寻找获得爱情的方法，我的方法就是等待。

如果把奥黛丽的人生比喻成一部戏剧，那么她实在是经历了太多"一见钟情"的桥段。大幕拉开，光影流转，我们可以看到，有人喜欢她的青春，有人爱慕她的美貌，有人依恋她的温柔，也有人珍视她的灵魂……然而一路上，她走过这么多爱情的驿站——爱过，停留过，守候过，也受伤过——一颗心历经风雨，却依然找不到一个避风的港湾。于是在命运之手的拨弄下，某个章节中的男主角正式登场。

这一次，他们相逢在希腊的岛上，碧蓝的海水像细腻的丝绸将人包裹，月光荡漾，鸥鸟旋飞，他的目光也慢慢变得灼热。他告诉她，他爱了她十六年。

十六年前，她是银幕上的安妮公主，韶华正好，一笑倾城。他是情窦初开的少年，坐在电影院里，有了第一次心动。那个时候，她是美人如花隔云端，他只能仰望她的光环，珍藏她的海报，把她当成心底最柔软的秘密。

后来,她恋爱、结婚、生子,他也经历过无数的女人,但始终没有一个人能真正俘获他的心,如她一般带给他爱情的悸动。人生中有多少个这样的十六年?

她泪光闪烁,不敢相信自己的幸运。他趁机表白:请接受我的爱。

爱是什么?

爱是电光石火的刹那,是天时地利的迷信,是世间最美的意外。爱也是一只蚌向一粒沙打开怀抱的过程。然而,如果沙耐不住长时间的孤寂,或是蚌不能持续地分泌疼与爱的珠质,晶莹圆润的珍珠就不能生长。

她说:"不管你的职业是什么,对于爱情的渴望都是永恒的。每个人都会用心寻找获得爱情的方法,我的方法就是等待。"

如今,已然有一份爱情摆在她的面前,放在她的手心。纵然是做一次扑火的飞蛾、育沙的蚌壳又如何?在爱了疼了痛了伤了之后,谁又会真的去责备,曾有一个梦了她十六年的人,怀着一份少年之爱的赤诚与天真,误闯过她的心?

1968年夏,奥黛丽在朋友韦勒夫妇的邀请下前往希腊度假。韦勒先生是一位石油大亨,资财雄厚,韦勒夫人则是意大利的奥林匹亚公主,高雅热情。在那一次长达半月的豪华游轮之旅中,大家都以能见到奥黛丽为荣。其中有位年轻人名叫安德烈·多蒂,他年满三十,是罗马大学精神临床学科的副主任,也是当地颇有名望的心理医生,而且他还有一个货真价实的伯爵身份(尽管罗马的伯爵与医生一样多),

这让他在年轻的女孩们中更受欢迎。

身为心理医生,多蒂第一眼就看出了奥黛丽笑容背后隐藏的孤单。他早已听闻她离婚的消息,于是在整个旅程中,他都对她呵护有加。他是一个浪漫多情的男人,自然也是风月场上的高手,但对于奥黛丽,他心怀爱慕的同时,更多的是心生敬意。

这时的奥黛丽虽然很渴望拥有一段新感情,但上一次失败的婚姻依然让她心有余悸。她没有向多蒂倾诉婚姻破裂的痛苦,也没有对他敞开心扉,只是一路细心地观察着他,等待着关系的慢慢酝酿。

直到有一天,游轮停靠在一处海岛上。趁着月色,多蒂向奥黛丽郑重表白,他对她的爱意是一见钟情,更是在心底渴慕了十六年之久。第一次在银幕上见到奥黛丽时,他还是个十四岁的少年,那时《罗马假日》风靡全球,他也像万千影迷一样,深深爱上了那位可爱的安妮公主,她在银幕上的一颦一笑,都刻画在他的脑海中。

以前,奥黛丽每一次出入罗马,他都与她隔着汹涌的人潮,咫尺天涯。而如今伊人就在眼前,且是自由之身,他再也不会错过这场像电影情节一样的天赐机遇。说到动情处,多蒂不禁红了眼眶,奥黛丽也动容不已,她拥抱了他,他则亲吻了她的额头。

不久后,他们就确定了情侣关系。奥黛丽一回到"和平之邸",就忍不住打电话告诉纪梵希:"亲爱的于贝尔,我又恋爱了!现在一切完满,我感到很快乐。真不敢相信,这件事会发生在我身上,之前我几乎都要放弃了……但他向我走来了,这个英俊迷人的大男孩,就像上天的安排,我们相逢在希腊的海上,感谢奥林匹亚的真爱之船。"

不过奥黛丽还是有些担心儿子肖恩这边。她曾问自己,如果肖恩不接受多蒂,那么她会怎么做?答案是肯定的,她将忍痛割爱,与多蒂断绝恋爱关系。

她的顾虑很快被打消了。多蒂第一次到"和平之邸"来看望她的时候,居然与肖恩相处得非常好。在奥黛丽为他们准备晚餐的时候,他们俩还一起倒在沙发上说悄悄话,把肖恩逗得哈哈大笑。用餐时,多蒂跟奥黛丽说起以后想要生很多孩子,好让肖恩做"领队哥哥",而肖恩听后也拍手称好——奥黛丽知道,肖恩已经完全接纳了多蒂。

只是她已经准备好再做新娘了吗?

圣诞前夕,奥黛丽带着肖恩前往罗马与多蒂共度佳节。在多蒂的家宴上,奥黛丽见到了她未来的婆婆——多尼曼可·多蒂伯爵夫人。

伯爵夫人只比奥黛丽大十四岁,她是个温情知性的女士,和儿子一样,她也很钟爱银幕上优雅高贵的奥黛丽——在多蒂与奥黛丽结婚后,她一直与奥黛丽保持着良好的关系。而且,伯爵夫人第一次见到肖恩时表现出来的大度和包容,也让奥黛丽放下了心中的戒备。加之多蒂生性浪漫,相比梅尔的理智和刚毅,显然前者的温柔武器更为致命。

平安夜,在罗马某家酒店的豪华套房里,多蒂郑重地向奥黛丽求婚。他把事先准备好的红宝石订婚戒指藏在一份精美的礼物里,然后单膝跪地,请求她成为他的新娘:"亲爱的公主,这个梦我做了十六年,现在终于要实现了。"奥黛丽看着盒子里的戒指，感动得要落下眼泪。她想起曾经出演的《罗马假日》，好像安妮公主再回罗马，终为爱情圆梦。

但她的内心深处还有一丝隐忧。后来她向纪梵希透露，她不想让多蒂再次成为"奥黛丽·赫本的丈夫"，毕竟这个单一的身份曾让梅尔大受伤害。奥黛丽委婉地提示多蒂："女人们可能会因为你娶了我而对你愈加着迷，这可能会伤害到你的职业声誉。"而多蒂显然对她的担忧并不在意，他说："可是我并不是什么名人，我不管别人怎么想，现在想娶你的人是我，你只需要考虑，你愿意嫁给一个爱了你十六年的普通年轻人为妻吗？"

因为多蒂信奉天主教，按照教规，男教徒不能迎娶离异的女人。所以他们决定在瑞士注册结婚，婚礼就在莫尔日市政厅的门口举行。新房布置在"和平之邸"，与婚礼现场只相隔几分钟的路程。为了避免过多的舆论，婚礼当天一切从简，就连在场的宾客也不足半百。男方的见证人有他们的红娘韦勒夫妇，画家雷纳托·古图索，女方的见证人为邻居多丽丝·柏连纳和法国影星卡普辛。艾拉没有过来参加女儿的婚礼，但她写了信过来表示祝福。

肖恩站在奥黛丽身后，与大家一起安静地为新人祈愿。奥黛丽手指上的那枚红宝石戒指已经被钻石婚戒所代替，她身穿纪梵希设计的粉红色连衣裙，配套的头巾绑在下颌，一手捧着鲜花，一手挽着新郎，沉浸在幸福之中，笑容比少女还要明艳。致辞时，多蒂表示能娶到奥黛丽三生有幸，奥黛丽则说感谢上天的眷顾，让她嫁了一个文化底蕴深厚、性格又无限迷人的丈夫。

在1969年1月18日，奥黛丽正式成为了伯爵夫人。但她从来不用这个身份，就像她不曾用过自己的贵族身份一样。在后来的日子里，她更喜欢旁人称她为多蒂太太——毕竟爱情的面目、婚姻的姿态，都是越简单越美好。

优雅的本质是简约

选择一天，好好地享受——直到极致。我认为过去的经历能帮助我享受现在，我不愿浪费当下的任何一点去为未来苦恼。

"我最爱的城市……罗马，无疑是罗马。"电影中的场景清晰如昨，这句话也曾让无数观众泪湿眼眶。因为一个人，爱上一座城，既然不能相守，就只能不忘。时隔多年，命运之轮又让奥黛丽回到了罗马。她曾在这里拍摄《罗马假日》，在影片中邂逅一段爱情，也因为《罗马假日》，在现实里衍生了一段姻缘。

1969年春天的某个夜间，奥黛丽以多蒂太太的身份站在台伯河边的顶层公寓里，俯瞰窗外熟悉的城市与灯火，不禁感慨万千。这是她的新房，她将在这里与她的新婚丈夫度过蜜月，乃至余生。之前多蒂的母亲提出将家中的两层楼赠予这对新人，却被奥黛丽婉拒，她认为适当的距离才是大家庭和睦的前提。

台伯河边的公寓曾是一座豪华的宫殿，虽然历经时光变迁，墙壁有些斑驳，但在能工巧匠们的改造下，又恢复了非凡的气派。奥黛丽主动担任了布置室内的工作，鲜花、布艺、精致的家具、素雅的器皿、世界各地收集的手工艺品……她独特的审美眼光让房间充满了温馨的氛围。

远离聚光灯的新生活让奥黛丽觉得很满意。肖恩与她同住，他转学来到罗马，并很快适应了新环境。多蒂是个称职的继父，他带给肖恩父亲般的关爱，也给了他兄长一样的陪伴。他们会一起趴在地板上玩游戏，或是结伴去打球。从照片上看，肖恩的个头长得很快，九岁的他身高已经蹿到了多蒂的肩膀。

显然，这是一段美满的时光。一家三口可以在一起吃午饭，餐桌上大家无拘无束地聊着各种各样的话题，其乐融融。肖恩说："我珍视这段回忆并不仅仅因为安德烈是一位称职的继父，更因为那时候我们真的拥有一个快乐的家庭。"

相较于"和平之邸"的清净，罗马城中的狗仔队似乎无处不在。他们以偷拍名人的日常生活为生，奥黛丽的私人生活照片屡次被流至国外——她初入多蒂的办公室为丈夫带去精心烹制的点心；她与多蒂参加鸡尾酒会；她与闺密一起外出购物；她牵着小狗在街上闲逛……

奥黛丽对这些八卦感到很无奈，但她真正担心的，还是肖恩的安全，从她踏入演艺圈起，关于明星子女的绑架案就从未间断过。

再婚后的奥黛丽不太愿意接受媒体采访，而记者们每次的访问无非就是那几个问题："请问赫本小姐什么时候重返银幕？""请问赫本小姐婚后的生活是否幸福?""请问赫本小姐会再考虑生小孩吗?"她总是很轻易地就会对这些问题感到疲倦,因为在她心里,多蒂太太的身份远比好莱坞影后更让她具备成就感和愉悦感。她回应说:"我现在的生活正常、健康、美妙,我没有拍戏的计划。生小孩的事情顺其自然,也希望有好消息的到来。"

1969年的初夏,好消息终于到来了。奥黛丽又怀上了孩子,这是她与多蒂的第一个孩子,是他们爱情的美好见证。与往常一样,奥黛丽在欣喜之余又谨慎万分。她已满四十周岁,之前又屡次流产,这或许意味着是她最后一次怀孕。经过一番考虑后,她决定回到"和平之邸"去安心养胎,她相信那里的环境对胎儿有好处。多蒂则继续留在罗马工作,待周末时再去看望妻子。

回到"和平之邸",奥黛丽又过上了与自然亲近的日子。农庄的空气非常好,花草果木一切美好如初。只是景色再好,在怀孕的最后几个月里,她也不敢随意走动,生怕胎儿有所闪失。

1970年2月1日,奥黛丽住进洛桑的医院待产。由于胎儿过大,医院建议剖腹手术,瑞士最有名的产科医生将为她主刀。2月8日,奥黛丽平安生下一名男婴,取名卢卡。

"他长得跟我一模一样!"多蒂抱着胖乎乎的卢卡,惊喜地对妻子说道,"我太自豪了,家里又多了一个强壮的男人。"奥黛丽的笑容充满感恩:"是的,真没想到,我还能再做母亲,感谢上天的优待。"

5月,身体复原的奥黛丽带着卢卡回到罗马,她本想次年再回去的,但花边杂志的一些报道实在令她不放心。

那段时间，狗仔们偷拍了许多多蒂的夜生活，他与各种肤色的女人出入酒店，关系暧昧。杂志难免添油加醋，大肆宣扬——只要跟奥黛丽沾上边的新闻都能大卖。就像奥黛丽当初想的那样，他果然因为娶了一位明星而更受女人的欢迎。而丈夫的个性奥黛丽也很清楚，他本就风流成性，要他对她守身如玉，何其难也。

奥黛丽回到罗马后，多蒂收敛了不少，有妻子在身边，他倒是很乐意生活在她的光环之下。自从有了卢卡，奥黛丽的生活变得更为充实，眼前一团和气的家庭关系，也经常会让她不愿去想其他的事情。

而媒体自然不想放过她和她的家人，他们无孔不入，捕风捉影，制造各种小道消息博取影迷的眼球。每次奥黛丽带着卢卡出去，都要想方设法地避开狗仔队的镜头，但卢卡还是会被突如其来的镁光灯吓得哇哇大哭。

有一次奥黛丽被记者堵截，又有人问道："请问赫本小姐会长期息影吗？还有没有拍戏的打算？"奥黛丽只能回答道："抱歉，要让影迷们失望了，如果能在我住的这条街上拍，倒是可以考虑，不过还得能回家吃午饭才行。"记者们依旧不死心，但她明显不愿意离开家人到处工作。在她心里，她的丈夫需要她，她的肖恩需要她，她的小卢卡更需要她……她现在只希望做个好妻子、好妈妈，这才是她真正向往的生活。

让奥黛丽意外的是，多蒂居然对记者的访问颇有兴趣，他认为被采访被曝光也是一种荣耀。他还单方面告知媒体，奥黛丽一定会重返银幕："这是当然的，奥黛丽·赫本是伟大的演员，她属于银幕……我们生活得很幸福，但如果不让妻子从事她喜欢的工作，那就是丈夫的罪恶了。"另外他也很喜欢带奥黛丽外出聚会，或是把一些同事和朋友请到家里来，然后把自己的明星妻子引见给大家。

而奥黛丽却希望尽量减少社交，她曾私下对多蒂说："我只是个平凡的女人，是你儿子的母亲，是你的妻子而已。"他的丈夫很不解："你是我的妻子，是我儿子的母亲没有错，但你怎么可能是个平凡的女人呢？你是影后奥黛丽·赫本啊！"

奥黛丽真正喜欢的还是招待来罗马看望她的朋友。比如纪梵希、派克、康妮、金尼曼，或者是萨尔瓦托雷·菲拉格慕。萨尔瓦托雷是佛罗伦萨的制鞋大师，也是时尚巨头，他信奉一条东方哲学："千里之行始于足下，脚是贮存人的精神和灵魂的地方。"奥黛丽也曾说过，穿一双"体谅"脚的鞋，就算搭配一套简单的衣服，也会让你与众不同。基于对产品相同的理念和舒适度的追求，他与奥黛丽的友谊始于1954年并延续终生。奥黛丽再婚后，他专程来罗马拜访，同时给她带来最新设计的新鞋。见到他后，奥黛丽幽默地说："在你未到来之前，我的脚就已经在欢呼雀跃。"

多年后，萨尔瓦托雷举行了数次个人作品展为奥黛丽的儿童基金会募集资金，他评价奥黛丽："她就是一种时尚。"

时尚的奥黛丽居住在罗马时出门总喜欢戴着头巾，不知不觉间，她已经成为了一个头巾收集发烧友。各种各样的头巾，加上超大号墨镜，是20世纪70年代的赫本标识。远离好莱坞的她也不再参加纪梵希的时装发布会，而是选择一些意大利品牌作为自己的日常服装，剪裁讲究的中性服饰，丝质衬衫，或是舒适休闲的羊毛开衫……她依然信奉简单的力量，她也从不佩戴太过耀眼的珠宝，"少即是多""简约是优雅的本质"，是她的穿戴哲学，与她的人生哲学一样。

奥黛丽在这个时期的照片，大多为狗仔偷拍的私人生活碎片，从那些碎片里人们可以看到，身为两个孩子的母亲的她要比在时尚大片和电影银幕里的她，多了一份柔美和温顺，仿佛前方还蕴藏着许多幸福都在等着她去探寻。

她依然吸引着人们的目光——他们视她为罗马的一员，也爱戴她身上敛藏的光芒，无论是站在万人瞩目的聚光灯下，还是安于普通主妇的悠闲生活，她依然是她，眼波清澈如初，笑容明亮温柔，风格也是一如既往的优雅、简洁、自信、迷人……

对于风格，奥黛丽则有自己的坚守，她认为风格是内在美的延伸，源于对世界笃定的善意，对生活的热情，对他人的尊重，以及对生命的爱和希望。

是年秋天，联合国儿童基金会的工作人员与奥黛丽联络，希望她能参加一期圣诞节的电视特别节目，名为《爱的世界》，她需要和一些从灾区拯救回来的孩子唱歌，并呼吁观众向灾难中的人们伸出援手。之后，工作人员又表示，因为是公益节目，他们将不会向她支付报酬——从息影到重返银幕，八年间她只拍摄过一部广告片，工作半天即获得百万酬劳。奥黛丽却笑着说："不需要给我任何报酬，能为孩子们做一点儿力所能及的事情，我深感荣幸。"

12月22日，奥黛丽飞往美国参加《爱的世界》的制作。暌违三年，观众们再次在荧幕上见到了他们爱戴的明星。节目一经播出,收视率便破了当时的纪录,公益效果非常好。大家看到奥黛丽说着流利的意大利语和获救的孩子们一起歌唱,自内而外都散发出慈爱的光芒。

"她是一位善良的天使,永远都是。"

时间并未过多地减损她的美貌,她优雅博爱的心性将让她拥有无法复制的魅力。

长长的叹息，总在醒来的时候

感谢你们的厚爱，是你们让我感觉到，自己还在这里。

1974年，意大利政局动荡，罗马街头时有暴力事件发生，一些恐怖组织频繁地攻击有影响力的社会名流，绑架其子女、恐吓其家眷，手段极为残忍。就连多蒂也差点儿在回家的路上被歹徒挟持，幸好有警察经过才有惊无险。

奥黛丽仿佛又闻到了童年时战乱前的气息，她恐惧极了，每天都在担心家人的安全。她专门请了家庭保镖，每天都要亲自接送肖恩上下课，至于卢卡更是寸步不离。即便是这样，奥黛丽还是不放心，是年夏天她决定效仿身边朋友的做法，把孩子转移到国外生活。"和平之邸"自然是最好的去处，肖恩正好可以在那里上寄宿学校，对四岁的卢卡来说也比较安全。

多蒂因为工作不能与他们同行，只在有空时才过来与他们团聚。这时奥黛丽的母亲艾拉也搬到瑞士与女儿同住，之前的很多年里，她都在做战后募捐工作，如今身体大不如前，但她精明利落的风格却能完胜庄园的女管家。在她的指点下，庄园的一切事务都井井有条。

经纪人弗林斯依旧会忠心耿耿地寄剧本过来给奥黛丽翻阅。奥黛丽看过后，也都依旧原数归还。此时在她看来，养育两个儿子才是最神圣的工作。她已经四十六岁了，只愿把时间花在最在乎的事情上。如很多人所说，无论陪伴与否，孩子们都可以自己长大，包括获得强健的身体、丰富的知识，以及做人的智慧。但成长有很多种方式，唯独不能缺少陪伴，尤其是母亲的陪伴与关爱，这也是一个人在成长的过程中始终无法凭空获得的东西。

所以，她必须给孩子们足够的关爱，一切都要亲力亲为，包括叫他们起床，给他们做早餐，指导他们的学习，带他们看电影，拜访友人……她对他们的期望是健康快乐地成长——不仅是身体，还有心灵，她的方式就是慈爱与严厉并用。

有什么办法既能让奥黛丽拍片又能让她照顾孩子呢？1975年夏，导演理查德·莱斯特很快为这位母亲创造了一个新的机遇。他造访了"和平之邸"，真诚邀请奥黛丽复出，并答应拍摄时间由她决定，比如可以安排在暑假期间拍摄，如此她就能把孩子们带到片场。同时他也会保证影片尽快完成，绝不耽误肖恩一天的课程。另外，弗林斯还为她谈下了工作一个月片酬百万美元的复出条件——如此便可解决她数年之内的生活开销，毕竟多蒂工资有限，而且很少寄钱过来。

不过据奥黛丽的一些密友透露，她当时对合约动心最主要的原因，还是想用工作来排遣婚姻的苦闷。

奥黛丽带着孩子们离开罗马后，多蒂迅速恢复了他的单身生活，他就像流连于花丛的蝴蝶，出没于大大小小的夜总会，还经常被狗仔偷拍到深更半夜带着陌生的女人回家。而这时奥黛丽的母亲也已经中风在床。因为个性的原因，她们母女俩一生中都很少有过温情的时刻。如今尽管她想对母亲倾诉一下烦忧，母亲却再也没有一颗清醒镇定的头脑来为她排忧解难、指点人生了。

奥黛丽·赫本签约了。媒体沸腾了，到处都是关于她复出拍片的新闻。这次要拍摄的新片名叫《罗宾汉与玛丽安》，编剧由詹姆斯·高曼担纲，他的作品《冬狮》就曾为凯瑟琳·赫本赢得一座奥斯卡奖杯。

影片讲述一对情人相隔二十年再重逢的哀伤故事，随十字军东征的罗宾汉归来时再见到玛丽安，她已经成为了修道院的院长，他想与她再续前缘，却又落入了敌人的复仇阴谋。这史诗一般的中年之爱吸引了奥黛丽，她认为自己与玛丽安有很多相似之处：她们都曾放弃原来的生活，追求另一种人生；都在心灵深处对爱情持有永恒的渴望；也都青春不再，历经沧桑。

该片的男主角肖恩·康纳利比奥黛丽小一岁，他是007系列邦德的扮演者，被誉为"性感男人"。但在这部影片中，他好像比奥黛丽老了十几岁，化妆后的他不免打趣道："我老得骨头都要嘎嘎作响了，唉，还要妄图打仗！"而奥黛丽也将穿上宽大的修女道袍回归银幕，她笑着形容自己的新戏服："就像一只超大号的烤炉手套。"

影片在西班牙北部拍摄，那里有保存完好的中世纪风格的建筑。就像莱斯特自诩的那样，他的确是个办事麻利的人，整部影片从开机到杀青不到一个半月。习惯了慢工出细活的奥黛丽有些担忧镜头太过粗糙，她说："未拍之前希望进度快一点儿，但真正拍摄起来，我又宁愿多出一点儿时间。快节奏让我紧张，毫无把握。"不过莱斯特并不打算多拍，而奥黛丽不知道，在她离开影坛的这些年，快节奏已经成为了好莱坞的一贯手法。

这期间肖恩与卢卡也会到拍摄地点来陪伴母亲，令奥黛丽没想到的是，肖恩见到莱斯特竟兴奋异常。十五岁的他已是披头士的铁杆歌迷，而莱斯特就曾导演过披头士的两部电影。而五岁的卢卡还是第一次见识到拍摄场面，他这里摸摸那里看看，对一切都充满了新奇："妈妈，我想要一支弓箭！""妈妈，你穿成这样，爸爸都不认识你了！"听到这些，奥黛丽不禁一阵心酸——在她拍戏期间，多蒂的花边新闻从未间断。

1976年3月11日，《罗宾汉与玛丽安》上映，总体上来说，还是好评多过差评。这部电影的成功之处，正在于它没有依赖奥黛丽的美丽脸庞来演绎恋爱中的儿女情长，而是在岁月流逝、青春非昨的变迁中让观众感叹罗宾汉与玛丽安之间的二十年守候。观众们也将感受到，奥黛丽对电影一贯忠诚的态度，无论是多么微小的细节，她都能用自己独特的演绎方式将其表现得尽善尽美。影迷们八年的忠心守候，没有枉费。之后，影片绝佳的票房成绩也表明，广大的影迷们都在期盼奥黛丽的回归，他们依旧认可她，热爱她。

同年3月初，奥黛丽在多蒂的陪同下前往洛杉矶参加奥斯卡颁奖典礼，她将作为颁奖嘉宾盛装出席。几天后，夫妻俩又参加了《罗宾汉与玛丽安》的首映式，成千上万的影迷将无线电城音乐厅挤了个水泄不通，他们手捧鲜花大声喊着奥黛丽的名字，欢迎她回归银幕："奥黛丽·赫本，我们永远爱你！我们永远支持你，亲爱的奥黛丽！"

奥黛丽见此情景，一度感动到落泪。她对着影迷挥手致谢："感谢你们的厚爱，是你们让我感觉到，自己还在这里。"

但还是有不少八卦记者来询问多蒂的花边事件："请问你的丈夫是否对你忠诚？"奥黛丽显然不愿提及也不愿回答，她脸色骤变，随后便在安保人员的护送下匆匆离席。可见，重返银幕后，奥黛丽的明星光环并未减弱，而她心底深藏的不为人知的苦涩，却越来越浓。

我承认我曾历经沧桑

我不会因为年华老去而忧伤，却会为了没有爱情而痛苦。

有人说，穿一双不合脚的鞋子，学一个不喜欢的专业，从事一份不适应的工作，爱一个不属于自己的人，人类一切的痛苦，都是因为不合适。

十年前的奥黛丽显然没有多想，她与多蒂之间是否真的不合适。第一次相见，他告诉她，他爱了她十六年。然而匆匆十六年，他的情，或许依然是桃李春风一杯酒；而她的心，早已是江湖夜雨十年灯。她是他思而不得的少年痴梦，是他用美丽幻觉堆砌的海市蜃楼；而她却只想洗尽尘嚣，卸下铅华，与他平凡相守于朴素日常、一蔬一饭。

不合适的是时间，更是人心。人心的殊途，将注定婚姻不能同归。就像梦再美好，总是会醒的；海市蜃楼再漂亮，也终会消散。

1978年，奥黛丽的婚姻再一次沦落到名存实亡的境地。尽管如此，她还是不想离婚，哪怕只是固守着一副婚姻的躯壳同床异梦。为了看住花心的丈夫，奥黛丽从"和平之邸"回到罗马家中居住。

但不久后发生的一件事，让奥黛丽不得不忍痛以法律手段提出离婚，她再也没有力气维持表面的平静了——多蒂居然趁她不在家时带女人回来厮混。被奥黛丽撞见的那一刻，她觉得遭遇了奇耻大辱，而多蒂的一番话更是让她险些轻生，他一脸无辜地为自己辩护："我又不是天使，意大利丈夫若没有几个情人，岂不惹人笑话？"

奥黛丽曾以为，自己可以用爱的力量感动丈夫，让他忠诚，或是收敛风流的本性。就像对待第一次婚姻那样，她也是尽可能地挽救，比如一再迁就，一再包容。事实证明，一切都是没有意义的。

隐忧在相识时就已埋下，一如后来多蒂的朋友所说："多蒂也曾感到失望。"他本以为自己找回了一位梦想中的女孩，然而随着时间的流逝，他发现对方不过是一个把家庭看得无比重要的平凡女人，当他意识到这一点时，就像一个美梦被惊醒了，他看清了现实，也收回了自己的爱意和崇拜。

多年后，儿子肖恩回顾母亲的婚姻，如此说道："母亲总是全心全意地爱着她的丈夫，这两段婚姻她都尽了全力去维系。她所犯的错误只是她不习惯倾诉和索求，没有坦率地说出自己的情感和真正的想法。而我的继父，他是个有趣、有才华的人，却也是个不知忠实为何物的猎犬式的丈夫，他随时都可能被其他的女人所诱惑。"

而这时刚好有一部叫作《朱门血痕》的新片，邀请奥黛丽·赫本参演。影片改编自畅销小说《午夜情挑》，讲述一名国际大企业的董事长突然离奇丧命，他的女儿继承父业，暗中追查杀父仇人，却发现真相就在身边的故事。奥黛丽匆匆看完剧本后就决定签约。

若换作从前,奥黛丽肯定不会接受这种 R 级的暴力影片。但今非昔比——第一,由于年龄和风格的限制,她的选择将越来越少;第二,该片由特伦斯·杨导演,作为他的老朋友,她不好拒绝;第三,她需要用钱来维系生活,片酬高达百万美元可谓是一个不小的诱惑。

而得知奥黛丽同意参演后,剧本马上为她改写,尽量让女主角的形象与她吻合。无奈此片是个乏味至极的故事。即便有纪梵希的服装加持以及众多影星的参与,也无力扭转僵局。

据说奥黛丽还未拍到一半时就感到后悔了,她痛恨自己一时失察而仓促签约,就像同片的其他演员一样,他们都被丰厚的片酬迷惑,也都在拍摄过程中后悔不迭。有人抱怨枯燥的情节让他的演技消失了,有人用喝酒来排遣郁闷,奥黛丽也烟瘾极大,精神状态很不好。

1979 年 6 月,《朱门血痕》上映,整部影片口碑尽失。随之而来的是媒体的口诛笔伐,就像事先约定好的一样,他们在评论上来了一次破天荒的贬义词大集合:"糟糕透顶、寡淡无味、凌乱不堪、支离破碎、荒唐可笑、毫无血肉……"就连奥黛丽·赫本也没能逃脱质疑:"莫非赫本的经纪人以为自己的明星能够有能力拯救一部十足的烂片?"

实际上,奥黛丽的经纪人弗林斯已经在不久前因为身体的原因宣告退休。他离开了影视圈,也离开了奥黛丽。实际上,从赋闲罗马开始,她的团队就已各奔东西,除了毕生可供怀念的友谊,他们将不再为她提供任何工作上的帮助。当然,那时的她并不需要这些。一直到这时,相隔多年,沧海桑田,复出后的她才发现,继解雇罗杰斯、解散团队、弗林斯退休之后，她已经完全失去了她的左膀右臂与所有的后盾。

与此同时，奥黛丽与多蒂的离婚手续也已提上日程，但过程繁复冗长，不免令人身心疲惫。在等待判决书下达的那段时间里，奥黛丽带着卢卡搬出了他们最初选定的豪华公寓，在风景幽静的城郊另租别墅居住。卢卡在罗马读书；肖恩则在瑞士上大学，毕业后他担任过导演助理，最后成为了电影制片人。

媒体依然热衷于奥黛丽·赫本的离婚事件，狗仔队在她身边出没，时刻都想捕捉到新的头条。有一次奥黛丽带肖恩去参加一个古典芭蕾舞戏剧节，当母子俩到达托斯卡纳时，狗仔队发现了他们，偷拍了很多照片。第二天，这些照片就被登在了报纸头条上，标题赫然醒目《奥黛丽·赫本与她生活中的新爱人》。

看到那份报纸时，母子俩不由相视大笑，因为肖恩为了显示成熟没有刮胡子，十八岁的他高大英俊，难怪被当成了奥黛丽的护花使者。奥黛丽幽默地说："除了'新'字以外，他们这次倒是说对了。"

经过一段时间的沉淀和心情的修复，奥黛丽终于可以从容面对记者的提问，她审慎又不失优雅地说："是的，我与多蒂的婚姻已经走到了尽头。婚姻就是两个相爱的人决定共同生活。不管他们是否签订合约，他们之间都有出于信任和尊重而建立的神圣婚约。对我来说，结婚的唯一理由就是如此。如果不能在情感上或肉体上满足我的丈夫，或者他认为自己需要其他女人，我就不会抓住不放。我不是那种纠缠不清、让对方难堪的女人。而多蒂比我小九岁，或许这本身就是个无法避免的结局。好在我们可以继续保持良好的友谊,一起抚养卢卡长大。"

不过只有在亲密的纪梵希面前,她才有勇气说出后半段话:"我不会因为年华老去而忧伤,却会为了没有爱情而痛苦。我已经离婚了,终于离婚了,我承认这人生中最大的失败。"

愿意承认自己的失败,愿意在遭遇背叛后依然相信爱情,愿意在遭受打击后依然保持一颗美好之心,又何尝不是一种气度?那时的奥黛丽自然不知道,就在她经历过"人生中最大的失败"后,上天会安排另一位男人走进她的生活,为她遮风挡雨,与她冷暖共度,待她如珍如宝。而她也将明白,真正的爱,不是单方面的迁就和包容,而是彼此的信任与珍视,就像深流的静水,没有风口浪尖的激情,没有海市蜃楼的梦幻,却可以缓缓流淌、润泽灵魂。

因为是你,晚一点没关系

希望我对你的爱不会造成你的负担,因为我选择爱你,就要爱得自由自在。

"那一天,奥黛丽穿过人群走向了我,我还记得如何击中了我的心,她的惆怅、优雅和娇柔脆弱,都让我难以忘怀。"

1979年冬,在好友康妮举办的晚宴上,罗伯特·沃尔德斯遇见了奥黛丽·赫本。当时奥黛丽尚未走出第二次婚姻失败的阴影,而罗伯特也刚经历了丧妻之痛——他的亡妻曼尔·奥勃朗是好莱坞明星,虽然比他大二十五岁,但感情甚笃。初次见面,罗伯特和奥黛丽这两个伤心人颇有些同病相怜的味道,而康妮与其他的朋友们,显然都有意撮合他俩。

罗伯特比奥黛丽小七岁,作为一名演员,他曾在电影《托布鲁克》以及西部电视剧《拉雷多》中担任角色,与美丽的曼尔·奥勃朗因合作《幕间》而走进婚姻。身高175厘米的他有着英俊的外表和强健的体魄，深邃的双眼和浓密的胡须又让他看起来冷静而严肃。

奥黛丽坦言与他"一见如故"，他谈吐优雅，有一颗善良的心，低调的幽默感让他更增魅力。而且，让奥黛丽感到亲切的是，罗伯特的家乡在荷兰鹿特丹，与奥黛丽童年生活过的阿纳姆相邻，他们都遭受过"二战"带来的痛苦，于是聊起往事来，总是滔滔不绝。但当时他们的关系并没有更进一步。

奥黛丽并非不相信爱情，就像世间有很多人，爱的能力会与身体里的胶原蛋白、钙质一样日渐稀少、慢慢流失，但也有一些人，在经历过生活的飓风骇浪之后，还保有海纳百川的格局与拈花一笑的情怀。她只是还没有做好接纳另一位男士的准备。经历过数段感情、两次失败的婚姻，相较从前，她自然会更加审慎，也会严格遵循内心的指引。"谢谢你，亲爱的康妮，为我介绍了这位好朋友。"临行前，奥黛丽亲吻康妮的面颊对她表示感谢。

直到1980年的春天，奥黛丽到纽约拍摄新片《皆大欢喜》，住在洛杉矶的罗伯特赶来探班，他用泰戈尔的诗句表明心迹："希望我对你的爱不会造成你的负担，因为我选择爱你，就要爱得自由自在。"随着交往的慢慢深入，俩人的关系正式确定为情侣。

《哄堂大笑》是奥黛丽复出后拍摄的第三部影片，据说剧本是导演彼得·博格达诺维奇为奥黛丽量身定制：一个深爱孩子的女人，被善妒又花心的丈夫派来的私家侦探跟踪，结果却与私家侦探相爱。

博格达诺维奇说："我在纽约的皮埃尔大酒店见到了奥黛丽，想与她商量拍电影的事，还记得她当时穿着一条褪色的牛仔裤，头上戴了一块方巾，风格很休闲，没有一点儿明星的架子。我觉得那就是电影中女主的样子。她对自己的前景并不明朗，向我提出了一些忧虑……但无论结果如何，她都享受这个过程，并希望用工作来稀释生活中的不愉快。"

总的来说，拍摄过程还算顺利，但影片一直拖到1981年秋天才上映，据说是因为这期间，博格达诺维奇陷入一起桃色新闻从而引发了谋杀案——博格达诺维奇爱上了某位娱乐圈女郎，该女郎的丈夫得知后将妻子枪杀，后又自杀身亡。这起负面新闻影响了影片上映的进程，结果票房很是冷清，乏味空洞的剧情没有获得观众的肯定。有人评论男女主演的表现有失水准："女主角仿佛受到限制，无力赋予角色光辉，男主角连表情都是那么僵硬，毫无情感的流露。"有人则抨击导演利用奥黛丽·赫本的情感经历博取眼球："如果这不是电影而是现实，她应该马上要求离婚！博格达诺维奇真是太卑鄙了。"

但博格达诺维奇辩解说，自己对奥黛丽并无半点儿恶意，影片的失败也在他的意料之外。与奥黛丽洽谈剧本时，博格达诺维奇就觉得奥黛丽当时想追求一些东西，那是转瞬即逝的镜头无法满足的。拍摄时，这位导演总在疑惑："这会是她最后一次出现在银幕上吗？"所以在影片快要结束时，他用了很多慢镜头来表现，一如观众察觉的那样，他对银幕上奥黛丽的眷恋，就像对一个时代的眷恋。

那么属于奥黛丽的时代真的过去了吗？好莱坞已经不需要她了？

这并没有一个确切的答案。她的演技毋庸置疑，可是因为没有出谋划策的人在身边，她对剧本的选择确实不够精准。然而现在一切都不重要了，就在拍摄《皆大欢喜》之时，她找到了自己追求的东西——体贴的罗伯特让她获得了从未有过的珍爱，就像一道温暖的光穿越茫茫黑夜，继而照亮整个生命。

如博格达诺维奇所说："有时她看起来就像快要被风吹倒一样，让人有一种保护她的欲望。然而在那个时候，她会用强大的毅力全神贯注地战胜一切，这股力量让人匪夷所思。"或许这股力量，就是真正的爱情——灵犀相契，又灵魂相依；彼此深爱，又彼此自由。

1981年夏，因为母亲艾拉再度中风，奥黛丽搬回瑞士居住。她很想念罗伯特，但离婚判决书迟迟未下，在名义上她还是多蒂夫人。因为多蒂坚持要儿子的监护权，并要求能得到郊区的房产。双方的律师交涉了许久，依然没有结果。奥黛丽给罗伯特打国际长途倾诉爱意，称呼他为"亲爱的罗比"："我想我需要你在身边，希望你愿意，我这里还缺一位男主人。"

在爱情的召唤下，罗伯特很快入住"和平之邸"。让奥黛丽惊喜的是，病榻上的母亲很喜欢罗伯特，她还从没见过母亲对她的哪一任男友或丈夫有过这般喜爱。罗伯特可以用荷兰语与艾拉交流，他细腻温柔的内心总能迅速地洞悉老太太的所思所想，连奥黛丽也自叹不如。而且奥黛丽的父亲也对罗伯特青眼相加，一向高傲冷漠的他竟愿意对罗伯特吐露心声——当时父亲罗斯顿已经病危，奥黛丽与罗伯特去送了他最后一程。

罗伯特睿智温厚的性情让奥黛丽感到欣慰。他从不理会外界的中伤和质疑。

曾有八卦杂志声称罗伯特只是把奥黛丽·赫本当成亡妻奥勃朗的替身，因为奥勃朗曾饰演过《双姝艳》里奥黛丽的角色，而奥黛丽在相貌气质上都与其有相似的部分。罗伯特没有辩解，他说："我对奥黛丽的爱不需要向任何人证明。"

也有人说罗伯特贪图奥黛丽的财产。实则他是一个理财高手，个人收益颇丰，在资金上，甚至可以帮助奥黛丽。另外对于奥黛丽的事业，他也能运用自己的性格优势，让她免受媒体的滋扰，又能辨识到真正对她有利的邀约。

不久后，奥黛丽出演了喜剧电视电影《窃贼之爱》。导演罗杰·杨来到"和平之邸"与她洽谈合约，还带来了男主角罗伯特·瓦格纳的亲笔信，信上说他很期待与他喜爱的奥黛丽·赫本一同出演，也希望能够与她再续从前在派拉蒙时结下的友谊。不过这部影片后来的命运有些离奇，据说播出后就从电视台的档案室里消失了，原因无从知晓。但奥黛丽获得了百万美金的片酬，这能让她做许多自己喜欢的事情，比如公益。

1987年秋，奥黛丽与罗伯特到澳门度假，随后应邀前往东京为联合国儿童基金会筹集善款。"你要相信自己的能力，就像信任他们的力量一样。"罗伯特这样鼓励她。不久后，她就在世界爱乐管弦乐团的音乐会上担任节目主持人，与媒体畅谈慈善的深远意义，情发肺腑，言辞恳切，让那场音乐会取得了众多的关注和支持。她个人也获得了国际媒体的赞扬。

在兴趣爱好上，奥黛丽与罗伯特也是契合无比：与世无争，满足于过平静的生活，口味一致，品位相当，钟爱孩子和小动物，醉心于阅读和散步，喜欢侍弄花草。难怪奥黛丽要说他们是"精神的双胞胎"。她曾对罗伯特说："我对所有绿色的东西都心存感激。在我困顿的时候，我曾梦想能拥有自己的果园，种些水果和蔬菜。现在不但有果园，还多了花朵、草地、小动物、孩子，还有你。罗比，上天对我真是眷顾。"

有时候，他们会一起去逛瑞士洛桑的露天市场。奥黛丽总是很容易就被人们认出来，有次还引起了交通堵塞。她幽默地说道："罗比，你说我是不是应该女扮男装？"不过她还是尽量减少了外出，或是与罗伯特一起到遥远的地方度假。每逢佳节，孩子们就会来到"和平之邸"与他们团聚。

他们的生活安宁、从容、美好，因为有爱，精神可以被滋养，生活中任何的小乐趣也可以被无限地放大。如果没有亲友的离世，那就更好了。

1981年，奥黛丽不仅失去了父亲，还失去了两位挚友：威廉·惠勒和休姆。

1982年，曾给予她母爱般关怀的奈斯比特去世。

1983年，乔治·库克与世长辞，还有在《金粉世界》巡演时相识的大卫·尼文，他曾带给她欢声笑语，却在晚年饱受疾病的折磨。在尼文的追悼会上，奥黛丽哭得泣不成声。

1984年8月，奥黛丽的母亲也没能熬过病痛。奥黛丽悲痛至极，还好有罗伯特陪在她身边，与她一起料理母亲的后事。

1986年，玛丽修女如愿去侍奉上帝了，她走得很安详，奥黛丽去美国送别了她。

身边亲友的相继离世，让奥黛丽在悲痛之余又深感生命的脆弱与短暂。她开始希望在有生之年能做一些有意义的事情，让心灵的光辉找到居处，扩充生命的宽度。尤其是1987年的东京之行回来后，她觉得深植于心的爱之信仰激励了她，不久后，她就与罗伯特商议，看能否用自己的明星影响力去帮助更多受难的儿童。

行动是一切事物的前提。在接下来的日子里，倾己之长施予爱，将是她生活的新目标。她说："人在一生中，总要有这样的时刻，想找到最真实的自己。只要能拯救孩子，就是一种福气。"在罗伯特的陪同下，奥黛丽向驻日内瓦的联合国儿童基金会提交了申请表格，她申请成为该会的亲善大使。而罗伯特也一直陪在她身旁，给她关爱、勇气和能量。

在世人眼中，他们是一对无比恩爱的眷侣，记者们也时刻在等待他们结婚的好消息。然而一直到奥黛丽离世，他们都没有走进婚姻的殿堂。其实早在1982年夏天，奥黛丽就收到了法院下达的离婚判决书。不仅如此，她还获得了卢卡的监护权，条件是额外付出一套房产。

但这时，她与罗伯特早已不需要一纸婚书的承认了。1987年，在一次慈善活动中，奥黛丽面对记者的采访，曾如此说道："我们没有不结婚的理由，但我们根本不需要结婚。罗比是上天恩赐给我的灵魂伴侣，我非常爱他，这不是罗密欧与朱丽叶式的浪漫恋情，而是相依相伴日久生情的结果。我花了好长时间才找到像他这样的人，过程可谓曲折离奇，身心俱疲，但相见恨晚总比永不相见好，我内心充满了感激，如获新生。"

的确，年轻时的她曾希望从婚姻中获取永恒，永恒的爱，永恒的忠诚，可她经历了两次都无法得到。她曾屡次被爱所伤，为爱所苦。如今终于有人用永恒的衷心恋慕她衰老的容颜，深爱她的灵魂，在婚姻之外，也在爱情之中。

只要是对的人，晚一点儿又有什么关系？而婚姻，从来就不是爱情的工具，仅凭婚姻的约束也并不会让爱情更加牢固。这世间唯一能够定义幸福的，唯有自由和爱。

第十二章

曾有天使,路过人间

我们的天使回天国了,如今上帝有了一位最美丽的天使。

——伊丽莎白·泰勒

少女奥黛丽·赫本的那枚曾被埋在心底的"和平"种子，已经长成了参天大树，可以庇荫他人，造福人间。自成为联合国儿童基金会的爱心大使之后，她就将所有的精力都奉献给了这份工作，直至生命的最后一刻。

人们称她"人间的天使"，不仅仅是因为她有美丽的容颜和优雅的姿态，更因为她有一颗珍珠般不被时间磨损、不被苦难打倒、不受名利羁绊的美好灵魂。爱，才是她一生的宗教。

希望能播下一粒希望的种子

随着岁月增长,你会发现,你有两只手,一只帮助自己,一只帮助他人。

1988年3月8日,联合国儿童基金会正式任命奥黛丽为亲善大使。这份工作每年的酬劳是象征性的一美元,除了出差中最基本的食宿,没有任何补助。

在奥黛丽盖着钢印的申请表格上,她填写了她的家庭背景,童年的生活经历,"二战"时对和平的渴望,还有联合国儿童基金会曾对她的家乡人民无私的帮助……这些繁复的流程,让她想起多年前拍摄《修女传》时的一系列仪式,神圣而庄严。

"希望我微薄的名声能够对协助工作产生益处,这是我莫大的殊荣。"她谦虚地对基金会驻日内瓦办事处的负责人克丽斯塔·罗斯说。罗斯后来与她成为了好友,她回忆道:"不是我们邀请她参加,而是她找到了我们,没有任何大明星的架子,只有最纯粹的目的,为了协助我们的工作而来，也为了她终生信仰的和平与爱。"

奥黛丽常说，随着岁月增长，你会发现，你有两只手，一只帮助自己，一只帮助他人。爱是与生俱来的能力，但我们必须不断地去锻炼这种能力，就像我们锻炼身体一样。或许无法治愈那些受到心灵创伤的成年人，却很有希望拯救那些孩子。

3月中旬，奥黛丽收拾了最简单的行李，奔赴亲善工作的第一站——东非的埃塞俄比亚，当时全世界最贫困的国家。罗伯特以她丈夫兼助手的身份随行，他们乘坐一架简陋的战斗机前往重灾区，全程没有任何特殊的待遇。没有座位，只能坐在麻袋上，飞机颠簸着穿越颗粒无收的平原，最后到达一处村庄。那里极度干旱，人们饱受饥荒和疫病的折磨，每天都有无数儿童失去生命。奥黛丽要做的工作就是在当地收集资料，然后通过媒体的帮助，为难民们募集慈善经费。

呈现在他们面前的景象实在太让人心痛了：难民们几乎没有食物，药品紧缺，没有干净的水源，连安葬死者的坟墓都没有，因为买不起挖掘的工具。

奥黛丽发现了一个独居的小女孩，经过询问，才知道她的家人都在饥荒中死去了，而她也瘦得只剩下了皮包骨头，随时都可能死去。奥黛丽将她抱在怀里，抚摸着她的头发问她："你有什么想要实现的梦想吗？"本来面无表情的小女孩突然眨着亮晶晶的眼睛对她说："我的梦想就是可以活着。"

奥黛丽潸然泪下。

当天晚上，奥黛丽召开了记者招待会，与媒体讨论如何获得经费为灾民们建设水库。她说:"如果有了铲子,他们就能自行挖井,而不是眼睁睁看着孩子死去,再用它来挖掘孩子们的坟墓。"随后,她又对《时代》周刊的记者说:"埃塞俄比亚现在正面临危机,就像甘地说的,'让战争胜利的不是子弹,而是流血的心。'我想必须要帮助那些孩子,用我们的物资,也用我们的意志。"

不久后,他们离开埃塞俄比亚,回到了"和平之邸"。但奥黛丽一刻也不愿停歇,她马上要为工作的第二阶段四处奔波,参加记者会、媒体专访、电视节目、演讲……为筹集善款做一切的努力。之前,很多人以为,奥黛丽不过是像某些明星一样,无非是做一做样子,而他们没想到,奥黛丽从始至终,都在毫无保留地付出和奉献,每一项工作她都要亲力亲为。以前那些名流政要都是在募捐会上朗读工作人员事先准备好的演讲稿,她却全部是用自己写的手稿——那是她查阅无数资料、挑灯熬夜所写出来的。

每天凌晨四点,奥黛丽就开始起床工作,一切为了她的新梦想:召开一次国际儿童首脑会议并且签署一份《儿童权利协定》,让那些受苦的儿童维持必要的生命存活水准,使他们远离社会的和身心的虐待……

"这份工作不是光说几句'我爱儿童'就能完成的,做永远比说更有效……"她对罗伯特说,"罗比,我真想每天拥有四十八小时,这份新工作让我神采奕奕。"而实际上,她的身体时常会感到疲惫,为了提神,她抽烟抽得更凶。好在她意志坚定,看到自己的努力有所成效,内心会获得不少宽慰,然而更多的,还是为了不能帮助到更多的受苦儿童而悲伤失落。

奥黛丽的书桌上一直摆放着一本《安妮日记》。但很多年以来，她都没有勇气去阅读这本书，就像她一直不愿提及那段"二战"时的悲伤往事，包括她曾拒绝电影《安妮日记》的片约。

《安妮日记》的作者安妮·弗兰克与奥黛丽同年出生，她们曾生活在同一座城市，经历过同样的战争。不同的是，最后安妮被纳粹关入集中营里，不幸离世；奥黛丽却有幸等来了和平："读她的日记，如同从她的视角里翻阅我的经历，我感到震撼，也悲痛得不能自抑。"

直到现在——奥黛丽远赴灾区为联合国儿童基金会工作归来，心性经历过岁月的打磨、苦难的洗礼，才能平静地正视这本日记表述的一切：

一个犹太女孩被锁在斗室之中，除了日记，无从表达自己。她只能在黑夜里在阁楼偷偷窥视窗外，透过窗外的树木分辨四季的变化……在这个晦暗的角落，一个女孩渐变成青春少女，一切都发生在"笼"中。女孩说："我经常心情沮丧，可是从不绝望。我将我们躲藏在这里的生活看成一场有趣的探险，充满危险与浪漫情事，并且将每个贫乏的物质当成使我日记更丰富的材料。"乐观的天性、博爱的胸怀以及她心中的爱——真正的生命之爱——让她战胜了这种幽闭的恐惧。

奥黛丽相信，这种真正的生命之爱能让人们战胜一切苦厄。

意大利有句谚语：世界是一个村落。奥黛丽很喜欢这句话，她认为，因为世界先于我们而存在，世界本来就不公平。但世界只有一个，并且正越变越小，因为人与人有更多的机会相互接触。从道义的角度上说，富有的人帮助一无所有的人，其实应该是一种职责。想一想，世界上有多少孩子死于饥饿，而又有多少孩子正为肥胖而头疼，这样的世界如何让人心安理得呢？

这期间，《风尚》杂志刊登了一组奥黛丽·赫本为露华浓品牌拍摄的广告大片。拍摄照片的时候，罗伯特告诉年轻的发型师："你把她的头发梳成发髻会更好。"平时在家里，奥黛丽·赫本都是用普通的发带把头发绑成马尾，被罗伯特亲昵地称为"我的老女孩"。发型师听从了罗伯特的建议，拍出来的照片果然优雅端庄。

而奥黛丽随后就将拍摄所得的五万美元酬劳，连同罗伯特另加的一万美元，捐给了亚美尼亚的地震难民。

到1988年圣诞节，奥黛丽与罗伯特的足迹已经遍布十四个国家，为联合国儿童基金会募得善款两千余万美元。在一次专访中，有记者质疑她为自己的名气炒作，她理直气壮地反问："你觉得奥黛丽·赫本需要炒作吗？"

当然更多的还是赞扬的声音，对她所做出的奉献感到钦佩。另一位记者问她："这是否会浪费很多时间？"她温柔一笑："我确实感到时间不够用，但这不是浪费，因为浪费意味着你为了不需要的东西而放弃想要的事物。我现在的工作让我感到安宁和快乐，这是一份恩赐。为了孩子们，我愿意为他们摘月亮。"

1989年4月，他们再次踏上慈善的征程，先后到达苏丹、萨尔瓦多、孟加拉国、越南、危地马拉、泰国、肯尼亚、索马里等国家的灾荒之地，战火、天灾、种族之争，让那里的孩子们遭受苦难。

在苏丹，他们的汽车被叛军劫持，勇敢的奥黛丽面见了叛军统领，才得以放行。那里一路都是地雷，危险从未远离，到达难民营地时，战斗机在空中盘旋。

"希望我们的工作能为他们播下一粒希望的种子。"奥黛丽说，"人祸是比天灾更可怕的事实，和平才是最强效的救助剂。"

1989年5月底，奥黛丽出演了人生中的最后一部影片。她在《直到永远》中饰演天使哈普，为一位牺牲的飞行员指点迷津。影片由好莱坞大导演史蒂文·斯皮尔伯格执导，于是年圣诞节前夕上映，观众们看到了一个与以往不同的奥黛丽·赫本，朴素的白衣白裤，清瘦的身形，文雅温和的笑容。观众看到，奥黛丽·赫本真的老了，那张连上帝都要亲吻的清秀脸颊已布满皱纹，曾经优雅细腻的天鹅颈也下垂了，无情的时间在她的脸上重重地刻下了痕迹，而她的眼神却闪烁着智慧和善良的光芒。

"当我们离开这个世界的时候，有人因为我们变得更好，那就了无遗憾了。"电影中的这句台词正是她现实生活的写照。这一次，她把参演《直到永远》的近百万美元的片酬又全部捐赠给了联合国儿童基金会。

这年6月13日，奥黛丽应"百分之一"发展基金的邀请，在日内瓦发表了一次公开演讲，这也是她在联合国儿童基金会工作18个月的一份总结报告。在这个名叫《和你在一起》的演讲中，奥黛丽·赫本提起了那个"二战"时差点倒毙街头的少女艾达（奥黛丽在战争年代的化名），回忆自己是如何在病弱中被联合国善后救济总署救助，获得珍贵药品和宝贵食物的往事。她说，自己如今的工作不仅是使命，更是义务。她的职责，就是通过自己的努力，使社会了解和意识到救助贫困儿童的必要。

她还再次呼吁，让人类重视和平的意义。遍访灾区让她深刻地意识到，苦难的始作俑者，通常并不是自然灾害，而是人性的黑暗与贪婪。破坏环境，挑起战争，最弱小的儿童便成为了牺牲品。所以，只有保证和平安宁的环境，才能彻底拯救儿童，让地球上的生命找到尊严和美好。

"圣奥黛丽"——这时人们这样亲切地称呼她。

美人迟暮，优雅依然

当我们离开这个世界的时候，有人因为我们变得更好，那就了无遗憾了。

  1989年年底，奥黛丽开始筹备《安妮日记》的慈善音乐会。她邀请新世界交响乐团的创立者麦克·提尔森·托马斯帮忙，为《安妮日记》中的段落谱曲创作，并于1990年3月在费城举行首演。奥黛丽担任音乐会的独白，她用最深切的情感诠释了安妮·弗兰克美好的精神与苦难的处境。她认为犹太少女安妮是深陷战乱中的千千万万儿童的代表，希望她的日记能唤起人们对和平的珍视。最后，在泪水的洗礼下，这场音乐会为联合国儿童基金会筹集了3万英镑的善款。

  接下来，奥黛丽又应美国公共电视台之邀担任《世界花园》电视节目的主持人。其间，她与摄制组从4月一直工作到6月，辗转七个国家，寻找花草种植的秘密。她在树荫下朗读《安妮日记》的镜头被视为经典。而她在节目中声情并茂的解说方式，也让她赢得了当年的电视类奖项——艾美奖。

有生之年,她终于集齐了美国四大艺术奖项。她把这次工作全部的酬劳都捐赠给了联合国儿童基金会,不过此事在她去世之后才被人知晓。

1990年4月22日,林肯中心电影协会给奥黛丽·赫本颁发了一个年度大奖,她被评为美国电影史上最好的女演员之一。来自世界各地的媒体为她见证了荣耀,他们称她为"活着的传奇"。奥黛丽·赫本用母亲曾说过的话回复记者们:"名望对我来说,不过是一件行李。"她沉思了片刻,又继续说道,"我很感激上帝赐予我的一切,但这个世界上还有很多事情,是我没有完成的。"

就在奥黛丽回到"和平之邸"后,她收到了一位出版经纪人的信,希望她考虑出一本自传。

"自从林肯总统入主白宫以来,我不记得有任何人能够赢得如此广泛的喜爱和崇拜。"他声称只要奥黛丽愿意签约,她就可以获得300万美元的版税,"那些围绕在你身旁、关注你一举一动的人并不是受到某些时尚杂志的'蛊惑',而是完全发自内心地喜爱你,这一点太特别了。你绝对配得上这样的荣誉,这不仅仅是因为你辉煌的电影生涯,更因为你在为联合国儿童基金会工作时表现出来的崇高人格……"最后他写道:"亲爱的,好好考虑一下吧。爱你和罗比。"署名为:"你忠诚的艾文·拉纳。"

但是奥黛丽实在太忙了,出自传一事只能作罢。自从担任亲善大使以来,她每天都在与时间赛跑,日程表安排得越来越来紧凑,从

1990年到1992年，她与罗伯特都没有真正休息过几天，前后一共出访54次，募捐多达24场。

1992年9月，奥黛丽终于获得批准，可以前往索马里看望那些饱受战乱之苦的孩子。为了这次索马里之行，奥黛丽与罗伯特准备了将近一年的时间，一方面是等待批文，另一方面则是筹集资金。这一次，奥黛丽拒绝了常规的健康检查，她自知身体越来越差，生怕因为身体原因而影响行程。

当他们去办理签证时，得到的答复是："没有这一项业务。那里没有政府，属于蛮荒之地，又发生种族屠杀，长期混乱……办签证没有任何意义。如果你想去，只需要乘坐飞机就可以了，但记住，首先你得保证自己的飞机不会被击落。"

那一刻，奥黛丽也明白了联合国儿童基金会为何没有任何关于索马里的出访档案和资料，因为就连媒体都很少到那里去。政客们协商不了和平，休战一再宣告失败，于是成千上万的人被屠杀，成千上万的人挣扎在死亡的边缘，那不是人间，那是"地狱"。奥黛丽心如刀割："如果我们不为他们发声，还有谁会为他们发声呢？"

飞机降落在索马里的首都摩加迪沙，他们看到的景象是：没有道路、没有电、没有通信、没有食物、没有房屋……沿途都是尸体。人们住在简陋的用树枝搭建的"窝"里，脸上没有表情，眼神空洞绝望。成千上万的孩子死于疾病和饥饿，尸体装满卡车，濒临死亡的孩子躺在路边，眼皮上落满苍蝇……

奥黛丽数次情绪崩溃，她失声大哭，心痛难抑。

而那些孩子的眼睛，就那样盯着她，就像疑惑的深渊。他们吃不进东西——因为严重脱水无法进食，甚至饿死在她面前。一个难民营里有五万多人，其中一半是小孩。她越来越心痛，越来越愤怒，那么多的人流离失所，失去了家园，失去了财富，失去了生命！于是，她通过媒体大声质问："这真的是政治家们想要看到的吗？英国、意大利，这两个国家只想从殖民地获得利益，难道没有让这里和平的义务吗？"

在索马里的日子里，奥黛丽每天都在哭泣。她抱着那些骨瘦如柴的孩子，喂他们进食，给他们温暖和善意。她为那些小小的尸体祷告，祈求上帝能够将他们带往天堂。罗伯特是她坚强的后盾，他陪在她身边，沉默地为她拭泪。除了准备材料之外，他还要照顾奥黛丽的身体，她劳累已久，又太过悲愤，他很担心她会病倒。

从索马里回来后，奥黛丽开始出现持续腹痛。她去瑞士当地的医院检查，却没有得出什么结论，医生以为她在索马里被寄生虫感染，只是给她开了一些抗生素，并嘱咐她好好休息，尽量减少外出。谁知那种抗生素药效很强，对身体有很大的副作用，奥黛丽每服一次药，都难受至极，就像用另一种痛苦来覆盖先前的痛苦。

罗伯特时常会紧紧抓住她的双手，像父亲一样抚摸她的后背，希望她好受一些。但她对罗伯特说："罗比，你不用担心我，每当疼痛来临时，我就会想到索马里的那些孩子。相比他们，我这点儿疼痛真算不了什么。"

1992年10月，奥黛丽带着病痛出席了伦敦的记者招待会，向所有出席的媒体代表讲述她的索马里之行。罗伯特站在她身边，因为她此时已经需要全天服用止疼药片，站在台上的她悲伤而憔悴，随时都可能倒下。

10月中旬，奥黛丽在罗伯特与肖恩的陪同下再次赶往洛杉矶参加记者会。工作结束后，他们匆匆赶往西奈医院，那里有一项腹腔镜检查或许可以确诊奥黛丽久治不愈的病痛。

11月1日，检查结果显示，她的阑尾发生了癌变，癌细胞已经扩散到了腹腔！医生马上为她做了手术，切除了部分病灶，而根据推测，奥黛丽应该在五年前就已经患上了癌症。

罗伯特与肖恩难以接受这样的结论，悲痛之余，他们商量先不要把真实情况告诉奥黛丽，以免她心情低落影响治疗。

躺在床上的奥黛丽无法进食，只能靠静脉输送营养液来维持生命。她虚弱地躺在病床上，还与守护在她身边的罗伯特谈起难民营中的孩子们。"现在，我成了他们中的一员。"病痛中的她，更多想起的是那些不能正常进食的孩子。

她需要安静，谢绝了很多朋友的探视，只有康妮、格里高利·派克、伊丽莎白·泰勒等老朋友进入了病房。

肖恩通常是早起去看望母亲，然后以上班为由赶往办公室查询关于癌症的治疗方法。很不幸，他查过的所有资料都表明，对于癌症的治疗方法，一直没有改进，依旧是20世纪60年代沿用下来的化疗。

第一次化疗很顺利。大家都很开心，重新燃起了希望。但几天后，肠道突然梗阻，剧痛再次来临，医生在12月1日下午为奥黛丽进行了第二次手术。然而手术不到一个小时，医生就告诉她的家人们，癌细胞扩散迅速,他们也无能为力。

当这些话从医生的口里说出来的时候,罗伯特踉跄着扶住了墙壁,肖恩也感觉手脚都软了,仿佛一切都在眼前慢慢坍塌。

当奥黛丽从麻醉中苏醒过来后,肖恩决定把事实的真相告诉她。他做了个深呼吸,推开病房的门,走向那个给予他生命的伟大女人。

她实在太瘦弱了,躺在床上,平静得像一片即将脱离大树的枯黄的树叶。肖恩握住她的手,把医生的话转述给了她。她沉默着把目光投向远方,叹息道:"有些失望啊,我还有很多事情没有完成。"罗伯特进来坐在床边,握住她的另一只手,他沉默着,说不出一句话。

既然治疗无望,那么不如回家去过最后一个圣诞节。奥黛丽决定回到"和平之邸",在那里度过生命中最后的时光。

要如何将一位重症病人带往瑞士呢?医生告诉他们不太可能,因为飞机起飞和降落都会让机舱内的气压发生变化,这样很可能会导致她手术后的肠道破裂。这时,纪梵希为奥黛丽送来了他的私人飞机,让风险降至了最低。

奥黛丽给纪梵希打电话表示她的感激之情:"于贝尔,我太感动了。"

纪梵希在那边轻声地说:"你是我生命中的全部。"

12月19日,奥黛丽告别了好友们,在罗伯特和肖恩的搀扶下走向飞机。在飞机上,她回顾一生,与家人们畅谈往事,虽有唏嘘却无遗憾。

"我的故事快写完了,这么多年,我也曾徘徊在困境中,但总能在黑暗的边缘找到指路的明灯。"

"哪怕明天我就要走了,我也会回顾那些有幸经历的快乐和惊喜,而不是为悲伤、流产或父亲的出走而喟叹。"

虽然病痛让她虚弱不堪,但她一直面带微笑,保持着优雅和从容。知晓了病情之后,她反而彻底释然。

我太累了，需要睡一会儿

我的故事快写完了，这么多年，我也曾徘徊在困境中，但总能在黑暗的边缘找到指路的明灯。

1992年12月20日，奥黛丽抵达"和平之邸"。大雪覆盖的庄园，一草一木都在沉睡，氛围宁静又温馨。"我回家了！"奥黛丽微笑着说。纪梵希用一份特别的圣诞礼物迎接了她——大厅里摆满的白色的山谷百合，纯洁、优雅、谦和，他曾说过，那是与她灵魂最匹配的花。

一回到家，家人们就开始为奥黛丽准备圣诞节。她自己也不肯闲着，和往年一样，她坚持给远方的朋友们寄送圣诞卡片。这一次，她选用的是印度诗人泰戈尔的诗句："不要为即将远行的人忧伤，每个降生的婴儿，都将带来上帝对人类的期望。"

圣诞节来临了。家人们都聚在奥黛丽身边，还有几位亲密好友：克丽斯塔·罗斯、纪梵希、护士贝蒂。

"亲爱的你们都来了……这是我人生中最美好的圣诞节。因为我能确信，你们都是如此的爱着我。"她坐在壁炉边，面目温柔，泪光闪亮。

到了互赠礼物的环节，她送了一条纪梵希的围巾给罗斯："亲爱的，这是我最喜欢的围巾，但现在我带不走它了。"

她送给贝蒂的是一副手套："感谢你一直以来对我细致无私的陪护。"

还有家里的园丁、女佣和司机也都收到了女主人的特别礼物。

接下来，她又让罗伯特从橱柜里拿出一本影集送给纪梵希，里面珍藏了他们所有的合影："于贝尔，我会永远陪伴在你身边。"

最后，奥黛丽许下了一个"和平"的圣诞心愿，并为大家朗读了一首诗：

> 魅力的双唇，源于亲切友善的语言。
> 可爱的双眼，源于善于捕捉别人的优点。
> 苗条的身材，源于乐意将食物与饥饿的人分享。
> 美丽的秀发，源于每天有孩子的手指穿过它。
> 优雅的姿态，源于习惯与知识同行。
> 人若要成为真正意义上的人，必须充满精力，自我反省，自我更新，自我成长，而不要向他人抱怨。
> 请记得，如果你需要帮助，请从现在起善用你的双手。
> 随着岁月增长，你会发现，你有两只手，一只帮助自己，一

只帮助他人。

你的"美好往事"就在前方,希望你能全部拥有。

这首诗改编自作家萨姆·莱文森的短文,被奥黛丽加了一个标题,名为《永葆美丽的秘诀》,她曾在募捐演讲时多次提到过。这个秘诀,也诚如她的人生写照。爱的根须,慢慢在时间里结出果实——贯穿一生的友善,坚韧的品格,智慧的头脑,永远成长的能力,永恒的和平信仰,灵魂深处的优雅……她都真正一字不漏地做到了。

1993年初,荣誉再次降临。奥黛丽先是得知自己获得了美国演员公会颁发的"终身成就奖",后是联合国儿童基金会为她的工作嘉奖,将琼·赫肖尔特人道主义奖授予了她——奖项将于3月在奥斯卡典礼上正式颁发。只是有些遗憾,她或许不能亲自去领奖了。

1993年1月,奥黛丽时常感到深深的疲惫,她说:"我从未感到如此累过。"但她还是会坚持每天在花园里散步半个小时左右,那是她的精神需求。有时是罗伯特陪着她,有时则是肖恩。花园里的树枝在阳光下伸展,园丁在铲雪、照料果木,大地深处蛰伏着冬眠的小虫。她喜欢呼吸这里新鲜的空气,从阿尔卑斯山脉吹过来的风总是令人心旷神怡,带着乡村的自由与舒适。

这一天,罗伯特拿了相机为她拍摄照片,她让肖恩站在身后,而他们的背后正是"和平之邸",对着镜头,她展露了人生最后的美好笑容。

1月16日,奥黛丽的病情再度恶化,她开始出现长时间的昏迷,

"我太累了,我需要睡一会儿。"

护士贝蒂悲痛地告知大家,她的时间不多了。

而这时奥黛丽病危的消息不胫而走,狗仔队的直升飞机日夜盘旋在"和平之邸"上空,世界各地的新闻媒体都在回顾她的银幕生涯,诺贝尔和平奖得主特蕾莎修女更是号召所有的修女为她祈祷。

1月19日,一缕金色的晨光照进她的卧房,犹如某种神迹降临。罗伯特守护在她的床边,为她朗读泰戈尔的《爱无止境》,那曾是他们一起读过的诗章:

> 我好像曾经爱过你无数次,无数种方式……
> 年复年,今生复来生,永恒的。
> 我痴迷的心正再次为你打造那串音韵美妙的项链。
> 那是送你的礼物,可以随意挂在你的脖子上。
> 年复年,今生复来生,永恒的。
> 当我听着那熟悉的爱情故事,那是岁月的伤口,
> 那是关于分离或相遇的古老传说。
> 当我再次凝望着过去时,在最后定能发现你,
> 北极星那明亮的衣裳,正照耀在时空的暗房。
> 你已永远变成记忆深处的形象。
> 你与我漂浮在河流之上,正因为我们都来自相同的源泉。
> 听听时间在诉说着各种爱的故事。
> 我们曾经与万千恋人们擦肩而过,

分享着初相遇时羞涩的甜蜜,再见时不舍的泪花——
但是爱情总会再次复活,永恒复活。
今天又堆积在你脚下,那已不能再给你任何感觉了,
所有人的爱情都已成为过去与永恒:
宇宙的欢乐、悲伤与生命,
所有爱情的回忆将会结合为一体——
还有每一个诗人们的歌谣也已成为过去与永恒。

过了半晌,奥黛丽睁开眼睛,她认出了罗伯特,对他轻声说:"罗比,你给了我最好的爱情回忆。可是现在,我要走了……那些人在等着我。"

肖恩问她:"母亲,他们是谁?"

她呢喃道:"那些人,阿门教派的教徒,他们就在田野中静静地等待……你们不会懂的,但你们总有一天会懂。"

或许对于此时的奥黛丽而言,死亡不过是从一个世界远行到另一个世界。她在这个世界的故事写完了,使命也完成了,她就要离开了。

肖恩又问:"那您有什么遗憾吗?"

她没有回答。仿佛沉思了一个世纪,她再次说道:"我没有遗憾,谢谢你们,我只是不明白为什么有那么多孩子在受苦。"

说完后,她再度陷入昏迷。这句话,成了她留在这个世界上的最后一句话。

一年后,肖恩便继承了母亲的神圣使命,成立了"奥黛丽·赫本

纪念基金"，其中"让所有孩子上学"的项目，为非洲无数的儿童带来了福利教育。

1993年1月20日晚上7点，暮色笼罩着"和平之邸"，奥黛丽·赫本呼吸减弱，在牧师的祷告声中，她慢慢停止了呼吸。她走的时候没有痛苦，神情安详，嘴角微微含笑。家人和朋友们聚集在她的床边，向她做最后的告别。

当天晚上，美国所有的电视新闻都在播放第42任总统克林顿的就职典礼，而奥黛丽逝世的消息传到美国后，电视台立即插播了哀悼奥黛丽·赫本的报道，回顾她的经典镜头，并重温她出任联合国儿童基金会慈善大使的影像资料。

第二天，全世界的人们都得知了奥黛丽·赫本辞世的噩耗。

美国前总统里根致悼词说："奥黛丽·赫本是一位真正伟大的女性，人们将会十分想念她。"

《纽约时报》称："纵然岁月的痕迹爬上她的额头，眼角布满鱼尾纹，下巴的弧线也变得模糊，人们想到奥黛丽·赫本，仍会为之动容，为之微笑，为之怀念。"

老牌影星伊丽莎白·泰勒则说道："我们的天使回天国了，如今上帝有了一位最美丽的天使。"

葬礼在1月24日举行。那一天，源自世界各地的奥黛丽·赫本的忠实影迷都来到了"和平之邸"附近，原本只有1200名村民的村庄，一下聚集了数万人。

无人在此地喧哗，他们知道，奥黛丽·赫本喜欢安静。梅尔来了，多蒂来了，纪梵希也到了。他们坐在教堂里，用眼泪和沉默为她送别。

葬礼的仪式很简短，为了防止狗仔队偷拍，瑞士军方特地将上午10点到下午4点的葬礼区域设为了禁飞区。

在手风琴的旋律中，唱诗班的孩子们开始歌唱。牧师回溯奥黛丽伟大的一生，联合国大使萨德鲁丁·阿迦·汗王子发表悼词，赞扬奥黛丽在联合国儿童基金会的工作。最后儿子肖恩朗读了《永葆美丽的秘诀》，并致辞："母亲最根本的信仰就是爱。她相信爱可以治愈一切伤痕，让世间充满安宁与美好。"

下午3点左右，奥黛丽的棺木从教堂抬出，罗伯特、纪梵希、肖恩和卢卡一路护行。从教堂到墓地，沿途摆满了鲜花：雏菊、玫瑰、百合、康乃馨……都是奥黛丽生前喜爱的花朵。很多人在默默哭泣，附近的居民们都在窗台上摆放了蜡烛。肖恩为母亲选择朱拉山做为安葬地，那里坡度缓和，风景静谧，有很多鲜花和树木，能够俯瞰"和平之邸"……

如今，在朱拉山的墓地上，还能看到奥黛丽的坟墓。简朴的十字架石碑上，简简单单刻着：

奥黛丽·赫本
1929—1993

几个小天使的塑像守护着长眠的佳人，她终于获得了恒久的安宁。肉身会沉睡，灵魂会飞升，唯有爱，不朽于时光，无止无境。

"我的人生，比童话故事还要精彩。"

关于奥黛丽·赫本的故事，也将永远流传于世——她是美丽的公主，是优雅的化身，是爱心的天使，是伟大的演员，是珍珠一般的生命，是一个时代的标识，是每个人心中不老的梦。每当人们走到这里，都会驻足流连感叹："这里有一位天使，她曾路过人间。"

附录：奥黛丽·赫本作品列表

荷兰七课
电影 1948
导演：林登

鞑靼酱
音乐剧 1949

开胃酱
音乐剧 1950

野燕麦
电影 1951
导演：查尔斯·桑德斯

天堂里的笑声
电影 1951
导演：马里奥·赞皮

少妇轶事
电影 1951
导演：亨利·卡斯
合作演员：琼·格林伍德

拉凡德山的暴徒
电影 1951
导演：查尔斯·克瑞奇顿
合作演员：亚历克·吉尼斯

双姝艳
电影 1952
导演：梭罗德·狄金森
合作演员：瓦伦蒂娜·格特斯

蒙特卡洛宝贝
电影 1952
导演：让·波尔

金粉世界
音乐剧 1952
导演：雷蒙·胡勒

雨天在天堂路口
电视剧 1952
导演：戴维·利奇

罗马假日
电影 1953
导演：威廉·惠勒
合作演员：格里高利·派克

龙凤配
电影 1954年
导演：比利·怀尔德
合作演员：亨弗莱·鲍嘉

翁蒂娜
音乐剧 1954
导演：佛列德·伦特
合作演员：梅尔·费勒

战争与和平
电影 1956
导演：金·维多
合作演员：亨利·方达

甜姐儿
电影 1957
导演：斯坦利·多南
合作演员：弗雷德·阿斯泰尔

黄昏之恋
电影 1957
导演：比利·怀尔德
合作演员：加里·库珀

魂断梅耶林
电视电影 1957
导演：柯克·勃朗宁　安纳托尔·李维克
合作演员：梅尔·费勒

翠谷香魂
电影 1959
导演：梅尔·费勒
合作演员：安东尼·博金斯

修女传
电影 1959
导演：弗雷德·金尼曼
合作演员：彼得·芬奇

蒂凡尼的早餐
电影 1961
导演：布莱克·爱德华兹
合作演员：乔治·佩帕德

双姝怨
电影 1961
导演：威廉·惠勒
合作演员：雪莉·麦克雷恩

谜中谜
电影 1963
导演：斯坦利·多南
合作演员：加里·格兰特

巴黎假期
电影 1963
导演：理查德·奎因
合作演员：威廉·霍尔登

窈窕淑女
电影 1964
导演：乔治·库克
合作演员：雷克斯·哈里森

偷龙转凤
电影 1966年
导演：威廉·惠勒
合作演员：彼得·奥图

丽人行
电影 1967
导演：斯坦利·多南
合作演员：阿尔伯特·芬尼

盲女惊魂记
电影 1967
导演：特伦斯·杨
合作演员：艾伦·阿金

罗宾汉与玛丽安
电影 1976
导演：理查德·莱斯特
合作演员：肖恩·康纳利

朱门血痕
电影 1979
导演：特伦斯·杨
合作演员：本·戈扎那

哄堂大笑
电影 1981
导演：彼得·博格达诺维奇
合作演员：本·戈扎那

窃贼之爱
电视电影 1987
导演：罗杰·扬　斯坦利·多南
合作演员：罗伯特·瓦格纳

直到永远
电影 1989
导演：史蒂文·斯皮尔伯格
合作演员：理查德·德莱福斯

世界花园与奥黛丽·赫本
纪录片 1993
导演：布鲁斯·弗兰基尼
合作演员：麦克尔·约克

图书在版编目（CIP）数据

奥黛丽·赫本：一辈子活在优雅里 / 艾略著. -- 2版. -- 北京：北京联合出版公司，2025.6. -- ISBN 978-7-5596-8389-2

Ⅰ. K835.615.78

中国国家版本馆CIP数据核字第2025AN9337号

奥黛丽·赫本：一辈子活在优雅里

作　　者：艾　略
出 品 人：赵红仕
选题策划：好读文化
责任编辑：周　杨

北京联合出版公司出版
（北京市西城区德外大街83号楼9层　100088）
北京联合天畅文化传播公司发行
北京美图印务有限公司印刷　新华书店经销
字数192千字　880毫米×1230毫米　1/32　9.25印张
2025年6月第2版　2025年6月第1次印刷
ISBN 978-7-5596-8389-2
定价：58.00元

版权所有，侵权必究
未经书面许可，不得以任何方式转载、复制、翻印本书部分或全部内容。
本书若有质量问题，请与本公司图书销售中心联系调换。
电话：010-64258472-800